Aku Melihat Api dari Syurga

Dari Jihad ke Yesus - Kesetiaan Dibakar

Siri Renungan 40 Hari | Buku 3

Oleh

Nabi Isa El- Buba ; Zacharias Godseagle ;
Amb . MO Ogbe ;
C . Ladi Ogbe ;

Table of Contents

HAK CIPTA © HALAMAN

Aku Melihat Api dari Syurga
Dari Jihad ke Yesus - Kesetiaan Dibakar
Surat-surat Hidup – Siri Renungan 40 Hari | Buku 3

PENGARANG
Nabi Isa Al- Buba
Zacharias Godseagle
Duta Isnin O. Ogbe
Comfort Ladi Ogbe

PENERBIT
Zacharias Godseagle dan Kementerian Godseagle Diterbitkan oleh: **Zacharias Godseagle**
Hubungi - https://www.otakada.org
ambassador@otakada.org
Tel/SMS +13024922440;
Whatsapp +2348032835348

PENAFIAN

Buku ini membentangkan kesaksian yang didokumentasikan, perjalanan pelayanan, dan pengalaman rohani Nabi Isa El-Buba seperti yang dikongsi secara terbuka dalam temu bual, khutbah, dan rekod pelayanan. Walaupun kehidupannya mengandungi pertemuan dramatik, naratif penganiayaan, dan dakwaan ghaib, karya ini tidak mengkanonisasikan seorang lelaki mahupun mengangkat mana-mana personaliti manusia sebagai standard kebenaran.

Kitab Suci sahaja yang kekal sebagai autoriti terakhir untuk iman dan tingkah laku.

Di mana sahaja kehidupan, amalan pelayanan, atau keputusan peribadi mungkin tidak selaras dengan alkitabiah, penyimpangan sedemikian tidak disokong atau dibenarkan oleh penerbitan ini. Tujuan kami bukanlah untuk membesar-besarkan kesilapan, mempertahankan keperibadian, atau mempromosikan penyembahan wira.

Karya ini mengarahkan pembaca kepada Kristus — bukan kepada seorang manusia.

Penekanan buku ini adalah transformasi melalui kesetiaan kepada Yesus Kristus, kekudusan yang berdisiplin, ketaatan kepada Kitab Suci, dan ketahanan yang setia. Kehidupan mana-mana hamba Tuhan hanya dibentangkan setakat ia menggambarkan penyerahan diri, ketabahan, pertaubatan, disiplin rohani, dan kesetiaan perjanjian.

Pembaca digalakkan untuk:

• Ujilah segala sesuatu dengan Kitab Suci

• Peganglah yang baik • Tolaklah apa yang bertentangan dengan Firman Tuhan • Ikutilah Kristus mengatasi segala keperibadian

Matlamat *Aku Melihat Api dari Syurga* bukanlah kekaguman, tetapi pembentukan.

Bukan keterujaan, tetapi pengabdian.

Bukan peningkatan personaliti, tetapi transformasi yang berpusatkan Kristus.

Syurga bersukacita atas seseorang yang bertaubat dan hidup dengan setia.
Semoga orang itu adalah anda.

NOTIS KITAB SURAT KUDUS

Melainkan dinyatakan sebaliknya, petikan Kitab Suci diambil daripada terjemahan Bahasa Inggeris yang biasa digunakan. Penekanan telah ditambah di beberapa tempat untuk kejelasan dan fokus kepada kebaktian.

MAKLUMAT PERCETAKAN

Dicetak di Amerika Syarikat
Edisi Pertama

TENTANG BUKU INI – Aku Melihat Api dari Syurga

Dari Jihad ke Yesus - Kesetiaan Dibakar

Surat-surat Hidup – Siri Renungan 40 Hari | Buku 3

Apa yang berlaku apabila api jatuh dari syurga — dan hanya satu hati yang bertaubat?

Ini ialah Buku 3 dalam *Surat-surat Hidup – Siri Renungan 40 Hari* , koleksi transformasi yang direka bukan untuk memberi inspirasi kepada emosi, tetapi untuk membentuk orang percaya yang berdisiplin dan taat kepada perjanjian.

Dilahirkan dalam pendidikan Islam yang ketat dan dilatih di bawah autoriti agama yang dihormati, Kehidupan **Nabi Isa El- Buba** dibentuk oleh disiplin, keyakinan, dan kesetiaan yang diwarisi. Mentornya mengajarnya secara mendalam — termasuk amalan kerohanian dan pengabdian yang mendalam. Kemudian semuanya terganggu.

Dia melihat api menyerang mentornya dari syurga.

Dia ditunjukkan neraka. Dia melihat syurga — sebuah kota emas yang beratnya abadi. Dia terselamat daripada percubaan pembunuhan. Peluru memasuki badannya. Logam mengenai tengkoraknya. Dia dianggap mati — namun masih terselamat. Seorang presiden mengatur pemindahan perubatan. Doktor mengesahkan: tiada kerosakan yang berpanjangan.

Tetapi pertempuran terbesar bukanlah secara fizikal.

Ia adalah kesetiaan.

Kekecewaan terhadap kemunafikan hampir menariknya kembali — sehingga satu pertemuan yang menentukan mengubah segalanya:

"Kita sudah pergi terlalu jauh. Sudah terlambat untuk berpatah balik."

Ini Bukan Sekadar Testimoni.

Ia adalah perjalanan pembentukan.

Distrukturkan sebagai Laluan Disiplin Strategik 40 Hari, buku ini membimbing pembaca melalui:

- Menetapkan kesetiaan eksklusif
- Membina semula struktur rohani
- Menghadapi kemunafikan
- Menahan penganiayaan
- Menjaga kesucian
- Hidup secara strategik dalam persekitaran yang terbahagi
- Perjanjian pemeteraian
- Menerima tugasan ilahi

Bahagian I menyampaikan naratif tentang kebakaran, penganiayaan, pemeliharaan, dan tugasan.

Bahagian II membimbing anda melalui proses transformasi 40 hari yang berdisiplin supaya anda bukan sekadar membaca ceritanya — anda juga mengalami perubahannya.

Buku ini tidak mempersensasikan Islam.
Ia tidak mengagungkan keganasan. Ia tidak mensensasikan pengalaman.
Ia menyeru orang percaya kepada agama Kristian yang serius dan tersusun.
Syurga tidak mengukur jumlah orang ramai.
Syurga bergembira atas seseorang.
Jadilah itu.
Ke hadapan sahaja.

Untuk Siapakah Buku Ini?

Buku ini ditulis untuk:

Orang Kristian yang beriman yang merindui disiplin yang lebih mendalam, iman yang tulen, dan kehidupan yang mencerminkan Kitab Suci melangkaui prestasi.
Pembaca berlatar belakang Muslim yang mencari penerokaan jujur tentang pertemuan rohani, keyakinan, dan kesetiaan.
Khalayak antara agama yang berminat dengan kisah benar tentang keyakinan, transformasi dan peralihan agama.
Pencari pembentukan rohani yang menginginkan pertumbuhan berstruktur, disiplin harian, dan ketaatan praktikal.
Mereka yang mencari makna — yang merasakan beban kepercayaan yang diwarisi, konflik dalaman, atau soalan rohani yang tidak terjawab.

Jika anda pernah bergelut dengan kesetiaan, identiti, keyakinan, atau tujuan, buku ini bercakap terus kepada anda.
Ini bukan sekadar kisah penukaran agama.
Ia adalah perjalanan kesetiaan.

Dan ia menanyakan satu soalan:
Awak milik siapa?

Surat-surat Hidup – Siri Renungan 40 Hari
Siri *Surat-surat Hidup* bukan ditulis untuk mendapatkan inspirasi semata-mata.
Ia ditulis untuk pembentukan.
Dalam setiap generasi, terdapat orang percaya yang mengasihi Tuhan dengan ikhlas — tetapi kekurangan struktur. Semangat tanpa disiplin akan pudar. Pengalaman tanpa ketahanan akan runtuh. Kesetiaan tanpa perjanjian akan hanyut.
Siri ini direka untuk menghadapi kelemahan tersebut.
Setiap buku dalam koleksi Surat-surat Hidup mempunyai struktur dua bahagian:

Bahagian I – Naratif Sebenar tentang Kesetiaan yang Teruji
Satu kisah kehidupan sebenar di mana iman dicabar, dihadapi, disucikan dan dibuktikan di bawah tekanan.

Bahagian II – Perjalanan Pembentukan Strategik 40 Hari Laluan
berpandu pengabdian, refleksi, taubat, doa, disiplin dan pengaktifan yang berstruktur — direka untuk menghasilkan transformasi, bukan kekaguman.
Ini bukan agama Kristian yang biasa-biasa sahaja.
Ini adalah kesetiaan berstruktur.

Setiap jilid membincangkan dimensi pembentukan rohani yang berbeza:

- Identiti yang telah ditetapkan
- Daya tahan di bawah api
- Kesucian sebagai perlindungan
- Pengaruh strategik
- Komitmen perjanjian

- Suruhanjaya dan legasi

Tujuannya mudah:

<u>Untuk menghasilkan orang percaya yang bukan sekadar pendengar — tetapi juga surat yang hidup.</u>

Syalom!

Zacharias Godseagle ; Amb MO Ogbe ; C. Ladi Ogbe
Kementerian Helang Tuhan
https://www.otakada.org
ambassador@otakada.org

BLURB KULIT BELAKANG KARAKTER

Dia melihat api jatuh dari langit...

Dilahirkan dalam pendidikan Islam yang ketat dan dilatih di bawah autoriti agama yang dihormati, kehidupan **Nabi Isa Al- Buba** dibentuk oleh disiplin, keyakinan, dan kesetiaan yang diwarisi. Mentornya mengajarnya secara mendalam — termasuk amalan kerohanian dan pengabdian yang mendalam.
Kemudian semuanya terganggu.
Dia melihat api melanda mentornya dari syurga.
Dia ditunjukkan neraka.
Dia melihat sekilas kota emas syurga. Dia terselamat daripada percubaan pembunuhan. Peluru memasuki badannya. Dia dianggap mati — namun masih terselamat. Seorang presiden mengatur pemindahan perubatan. Doktor mengesahkan: tiada kerosakan yang berpanjangan.
Tetapi pertempuran terbesar bukanlah secara fizikal.
Ia adalah kesetiaan.
Dalam *Aku Melihat Api dari Syurga* , Buku 3 **Surat-surat Hidup – Siri Renungan 40 Hari** , perjalanan Isa El- Buba dari pembentukan Islam militan kepada agama Kristian perjanjian menjadi lebih daripada sekadar kesaksian — ia menjadi satu konfrontasi.
Bahagian I menyampaikan naratif mentah tentang kebakaran, penganiayaan, dan pemeliharaan.
Bahagian II membawa anda melalui perjalanan pembentukan berstruktur selama 40 hari yang direka untuk menghasilkan iman yang berdisiplin, suci dan berkekalan.
Syurga bergembira atas seseorang.
Jadilah itu.
Ke hadapan sahaja.

DEDIKASI

Kepada pembaca Kristian
Kepada pembaca berlatar belakang Islam
Kepada khalayak antara agama
Kepada pembaca pembentukan rohani
Kepada mereka yang hilang arah dalam mencari makna
Kepada mereka yang memilih kesetiaan apabila ia berbaloi.
Kepada ibu-ibu yang berdoa dengan tenang di bawah tekanan.
Kepada orang percaya yang bertahan tanpa tepukan tangan.
Kepada dia yang berdiri sendiri ketika syurga bergerak.
Semoga perjanjianmu tetap tidak diingkari.

PENGHARGAAN

Karya ini berasaskan kesaksian langsung, temu bual yang didokumentasikan, khutbah umum, dan refleksi teologi yang berdisiplin. Ia diambil daripada kisah langsung yang dikongsi oleh Nabi Isa El- Buba , terutamanya temu bual yang dirakam yang dijalankan dan dikeluarkan oleh **PrayerStormTV** , yang boleh didapati di:

https://youtu.be/2oo8tvizyZA

Ribut Doa merupakan satu gerakan ibadah, doa, dan puasa yang wujud untuk mencetuskan kebangkitan rohani dengan membangkitkan tentera pahlawan yang berdoa. Melalui perhimpunan yang berpusat pada pertemuan ilahi, Ribut Doa melengkapi orang percaya untuk bertumbuh dalam keghairahan, disiplin, dan syafaat strategik.

Laman Web: http://www.prayerstorm.org
Twitter: @PrayerStormUK Instagram: @PrayerStorm
Facebook: http://www.facebook.com/prayerstorm

Kami mengucapkan terima kasih kepada PrayerStormTV kerana memelihara dan menyiarkan testimoni dalam bentuk yang telah sampai kepada ribuan orang di seluruh dunia, dan kerana menyediakan titik rujukan yang didokumenkan untuk banyak elemen naratif yang terdapat dalam buku ini.

Penghargaan tambahan juga ditujukan kepada sumber dalam talian dan kementerian lain di mana segmen kesaksian telah dirakam, disusun semula dan dikongsi secara terbuka untuk tujuan pendidikan.
Kami mengiktiraf:
• Ahli keluarga yang kehidupannya mencerminkan ketegangan dan rahmat merentasi garis agama yang berpecah belah.

• Seorang ibu yang kehidupan doanya berubah suasana sebelum konfrontasi bermula.
• Seorang abang sulung yang pertemuannya di bawah ancaman telah mengubah hala tuju rohani sebuah rumah tangga.
• Seorang bapa yang perjuangan dalamannya mewakili pertempuran senyap keyakinan dalam tradisi. • Pemimpin dan sahabat setia yang berdiri teguh melalui penganiayaan dan pemeliharaan. • Komuniti Evangelical Biblical Outreach Ministries International (EBOMI), yang seruan mereka untuk membangkitkan penjaga terus mempengaruhi bandar dan negara. – https://www.ebomi.org

Karya ini tidak bertujuan untuk mengagungkan keperibadian tetapi untuk mendokumentasikan perjalanan kesetiaan. Setiap kesaksian yang disertakan di sini dibentangkan untuk menunjukkan pembaca kepada Kristus — bukan kepada manusia.

Dan akhirnya, penghargaan diucapkan kepada para pembaca yang sanggup melangkah melangkaui kekaguman kepada pembentukan; melangkaui rasa ingin tahu kepada pengabdian; melangkaui inspirasi kepada ketaatan yang berdisiplin.
Syurga bersukacita atas seseorang yang menjawab.
Semoga itu adalah anda.

PENGHARGAAN PENERBIT

Jilid ini diterbitkan sebagai sebahagian daripada **Siri Renungan 40 Hari Surat-surat Hidup** , satu inisiatif pemuridan yang dikhaskan untuk membentuk orang percaya yang imannya bukan sahaja diakui, tetapi juga dijelmakan.

Siri ini bermula dengan ***St. Augustine dari Hippo (354–430 Masihi): Dari Hati yang Gelisah kepada Kehidupan yang Tertulis*** , yang menjejaki perjalanan Augustine dari pergolakan batin kepada ketaatan yang menyerah diri. Jilid pertama itu menetapkan keyakinan utama karya ini: bahawa Tuhan terus menulis kebenaran-Nya melalui kehidupan yang menyerah diri, dan bahawa kesaksian lelaki dan wanita yang setia kekal sebagai pengajaran yang hidup untuk Gereja hari ini.

Jilid pertama dalam siri Surat-surat Hidup boleh didapati di sini:
https://www.amazon.com/ST-AUGUSTINE-HIPPO-354-430-Devotional-ebook/dp/B0GJN8N9XS

Mere Christianity, Fully Lived meneruskan visi ini dengan beralih kepada kehidupan dan pemikiran **C.S. Lewis** , yang pertobatannya yang enggan dan iman yang berdisiplin berbicara dengan kuat kepada minda moden. Di mana Augustine mendedahkan hati yang gelisah, Lewis berhadapan dengan kehendak yang menentang—memanggil orang percaya yang melampaui kepercayaan kepada ketaatan harian. CS Lewis (1898-1963) -Kekristianan Semata-mata, Dijalani Sepenuhnya: Daripada Minda yang Enggan kepada Kehidupan yang Berubah (Surat-surat Hidup - Siri Renungan 40 Hari | Buku Buku 2)

E-buku

https://www.amazon.com/Lewis-1898-1963-Mere-Christianity-Fully-ebook/dp/B0GKQ27F9N

Kulit lembut
https://www.amazon.com/Lewis-1898-1963-Mere-Christianity-Fully/dp/B0GM8YMXC3

Kulit keras

https://www.amazon.com/Lewis-1898-1963-Mere-Christianity-Fully/dp/B0GM8WHXJL

Godseagle Ministries menerbitkan siri Living Epistles dengan mandat yang jelas: untuk mengurus sumber-sumber yang berpusatkan Kitab Suci yang memuridkan negara-negara, menguatkan Gereja, dan melengkapi orang percaya untuk hidup secara nyata sebagai duta Kristus. Kami percaya bahawa iman bukan disokong oleh idea sahaja, tetapi oleh kehidupan yang dibentuk melalui kebenaran, diuji oleh ketaatan, dan diberdayakan oleh Roh Tuhan.

Setiap jilid dalam siri ini ditawarkan dengan penuh doa, dengan harapan agar pembaca bukan sahaja akan belajar daripada masa lalu, tetapi juga akan bertindak balas pada masa kini—membenarkan Tuhan untuk terus menulis surat-surat hidup-Nya melalui kehidupan biasa yang diserahkan kepada tujuan-Nya.

Kami berterima kasih kepada setiap pembaca yang menyertai perjalanan ini, percaya bahawa Tuhan yang sama yang telah mengubah Augustine dan Lewis masih bekerja hari ini.

Respons Pembaca & Penonton

"Ini bukan sekadar kesaksian — ia adalah panggilan bangun kepada Gereja. Ia mendedahkan kelemahan tanpa menyerang orang."

"Saya tidak pernah mendengar bekas pejuang jihad bercakap dengan begitu jelas dan berdisiplin tentang kesucian dan struktur. Ini mencabar agama Kristian saya yang biasa."

"Apa yang paling menarik perhatian saya bukanlah semangatnya — tetapi kejujurannya tentang hampir kembali kerana kemunafikan. Tahap ketelusan itu jarang berlaku."

“Kisah ini membuatkan saya mempersoalkan tahap komitmen saya sendiri. Kita kata kita serius, tetapi adakah kita berdisiplin?”

"Hakikat bahawa beliau masih berkhidmat untuk komuniti di mana kebanyakan penerima manfaat adalah Muslim menunjukkan kematangan, bukan kepahitan. Itu sudah cukup jelas."

"Apabila dia menggambarkan dirinya ditembak dan masih berdiri, saya sedar bahawa pemeliharaan membawa tanggungjawab. Kemandirian bukanlah alasan untuk selesa."

"Bahagian tentang melihat syurga dan masih tidak serta-merta menyerah kalah adalah sesuatu yang menyedihkan. Wahyu sahaja tidak mengubah anda."

"Struktur pembentukan 40 hari menjadikannya berbeza. Ia tidak memberi anda inspirasi — ia memerlukan tindak balas."

"Ini adalah salah satu catatan paling seimbang tentang pemelukan agama Islam yang pernah saya temui. Ia tegas, tetapi tidak penuh kebencian."

"Syurga bersukacita atas satu — garisan itu sahaja telah mengubah cara saya melihat kejayaan pelayanan."

"Buku ini mempunyai makna. Ia tidak mensensasikan keganasan atau membesar-besarkan pengalaman. Ia memerlukan kepercayaan yang serius dan berdisiplin."

"Saya menjangkakan kisah pertobatan yang dramatik. Apa yang saya temui ialah seruan kepada perjanjian dan kekudusan."

"Penekanan pada disiplin lebih mencabar saya berbanding mukjizat. Struktur menopang iman."

"Ia berhadapan dengan kemunafikan tanpa bersikap defensif. Kejujuran itu menjadikannya boleh dipercayai."

"Ini bukan ditulis untuk mengujakan orang ramai. Ia ditulis untuk membina orang yang beriman."

PRAKATA

Buku ini ditulis bukan untuk menarik perhatian anda.
Ia ditulis untuk berhadapan dengan anda.
Kisah yang akan anda baca ini mengandungi api, darah, penganiayaan, penglihatan, campur tangan negara, pertemuan rohani, dan pemeliharaan ilahi. Ia mengandungi ketegangan rumah tangga yang berpecah belah, keberanian seorang ibu yang berdoa, konflik senyap seorang bapa, hampirnya kematian seorang saudara, dan perubahan dramatik hati yang militan.
Tetapi ini bukanlah catatan mukjizat yang sensasi.
Ia adalah kajian tentang kesetiaan.
Ramai orang terpesona dengan kisah-kisah pertobatan. Ada pula yang tertarik dengan pengalaman ghaib. Ada yang tergerak oleh naratif penganiayaan. Tetapi daya tarikan tidak sama dengan transformasi. Emosi tidak sama dengan ketahanan. Pertemuan tidak secara automatik menghasilkan ketaatan.
Karya ini ditulis dengan teliti dan sengaja untuk mengelakkan keterujaan tanpa pembentukan.
Bahagian pertama membentangkan naratif — yang diambil daripada temu bual yang didokumenkan, khutbah dan testimoni yang tersedia secara umum. Butirannya dipelihara bukan untuk membesar-besarkan seseorang tetapi untuk menunjukkan apa yang berlaku apabila keyakinan bertembung dengan wahyu.
Bahagian kedua memberikan apa yang kebanyakan testimoni kekurangan: struktur.
Empat puluh hari pembentukan rohani yang berdisiplin.
Bukan teori. Bukan refleksi yang samar-samar. Penglibatan berstruktur. Kitab Suci dari Perjanjian Lama dan Baru. Pelajaran. Soalan. Doa. Perisytiharan. Tindakan.
Ini disengajakan.
Kerana cerita boleh menggugah anda — tetapi struktur menopang anda.

Kisah api jatuh dari langit, yang terkena mentor, peluru menembusi daging tanpa kerosakan maut, penyelamatan presiden, dan pengesahan perubatan tanpa kecederaan — semua ini tidak dikemukakan untuk menimbulkan hujah atau sensasi. Ia direkodkan kerana ia merupakan sebahagian daripada keterangan yang didokumenkan.

Namun pertempuran utama tidak pernah tentang kelangsungan hidup.

Ia adalah tentang kesetiaan.

Kesetiaan kepada kepercayaan yang diwarisi.

Kesetiaan kepada tradisi. Kesetiaan kepada keyakinan.

Kesetiaan kepada Kristus.

Inti pati buku ini adalah persoalan yang tidak dapat dielakkan: Apabila wahyu berhadapan dengan pewarisan — apa yang anda lakukan?

Karya ini tidak menuntut kesempurnaan untuk subjeknya. Ia tidak mengkanonisasikan pengalaman. Kitab Suci tetap menjadi autoriti muktamad. Jika mana-mana kehidupan manusia tidak selaras dengan alkitabiah, Kitab Suci berdiri lebih tinggi.

Tujuan buku ini adalah tunggal:

Untuk mengarahkan pembaca kepada Kristus — dan untuk menyeru mereka kepada ketaatan perjanjian yang berdisiplin.

Syurga bersukacita atas orang yang bertaubat.

Bukan atas orang ramai yang kagum dengan tontonan.

Jika seorang pembaca pun muncul dari halaman-halaman ini dengan keyakinan yang lebih teguh, kekudusan yang lebih dalam, disiplin yang lebih besar, dan kesetiaan yang teguh kepada Yesus Kristus — maka karya ini telah memenuhi tugasannya.

Baca dengan teliti.

Renungkan dengan jujur.

Balas dengan sengaja.

Ke hadapan sahaja.

PROLOG

Api Malam Jatuh

Rumah itu tidak sunyi.
Ia telah dipesan.
Agama di rumah itu bukanlah sesuatu yang sambil lewa.
Ia adalah struktur. Ia adalah autoriti. Ia adalah warisan yang diturunkan dari bapa kepada anak lelaki tanpa rundingan.
Bapanya bukanlah seorang yang lemah lembut.
Dia berdisiplin. Tabah. Tepat. Seorang lelaki yang dibentuk oleh keyakinan dan ketegasan ketenteraan.
Di dalam rumah yang sama, sesuatu telah pun berubah.
Secara senyap-senyap.
Ibu itu telah melanggar batas.
Tiada pengumuman.
Tiada pemberontakan. Tiada rehat awam.
Dia masih memasak.
Masih menghidangkan. Masih menghormati suaminya. Masih tinggal di bawah bumbung yang sama.
Tetapi kesetiaannya telah berubah.
Dan apabila kesetiaan berubah, suasana juga berubah — walaupun tiada siapa yang bercakap.
Tidak lama kemudian, anak sulung itu mula bertanya.
Iman tidak lagi diwarisi.
Ia telah diteliti.
Si bapa telah merasakannya sebelum ia diisytiharkan.
Keyakinan terasa seperti dikhianati apabila identiti terancam.
Dan pada suatu hari, ketegangan meningkat kepada keganasan.
Sebilah pedang diangkat.
Bukan simbolik.
Keluli.
Dibesarkan untuk memukul anaknya sendiri.
Tetapi sebelum bilah itu menusuk, anak lelaki itu sudah tidak berada di tempat yang dituju.

Dia kemudiannya menceritakan bahawa dia telah dipindahkan secara fizikal — dibawa dari kedudukan itu ke lokasi lain yang berdekatan.
Pedang itu jatuh.
Tapi bukan pada dia.
Warisan telah terganggu.
Namun ini hanyalah permulaan.
Ada seorang mentor.
Seorang imam.
Dihormati. Dipercayai. Formatif.
Lelaki yang telah membentuk disiplin, melatih pengabdian, dan memulakannya ke dalam amalan kerohanian yang lebih mendalam — termasuk pengetahuan tentang kuasa rohani dan ritual tersembunyi.
Kesetiaan kepada mentor ini bukanlah sesuatu yang sambil lewa.
Ia terbentuk pada zaman kanak-kanak.
Dan kemudian konfrontasi datang.
Dia kemudiannya akan menerangkannya dengan jelas:
"Aku nampak api dari syurga."
Bukan metafora.
Kebakaran.
Imam itu dipukul.
Mereka yang berada di sekelilingnya melihat luka yang bengkak.
Dia melihat gangguan.
Ada yang melihat kecederaan.
Dia melihat pendedahan.
Syurga tidak bergerak untuk tontonan.
Ia bergerak untuk ketepatan.
Api itu bukan untuk orang ramai.
Ia adalah untuk seorang.
Kemudian, di Maiduguri, satu lagi pertemuan berlaku.
Dia ditunjukkan neraka.
Dia mengecam wajah-wajah — bukan orang yang tidak dikenali.
Guru-guru.

Kemudian dia ditunjukkan syurga.
Sebuah bandar yang teratur.
Kecantikan. Cahaya. Emas.
Dia kembali dengan keadaan terketar-ketar.
Tetapi wahyu tidak serta-merta menghasilkan penyerahan diri.
Melihat tidak bererti mengalah.
Bertahun-tahun kemudian, peluru akan memasuki badannya.
Logam akan menghentam tengkoraknya.
Darah akan mengalir dari kepalanya.
Dia akan dibawa pergi dengan kenderaan seperti orang yang dianggap mati.
Tetapi dia akan bangkit semula.
Pengiring akan mengelilinginya.
Seorang presiden akan campur tangan.
Pakar perubatan di negara asing akan mengesahkan apa yang bertentangan dengan logik:
Hidup.
Utuh. Tiada kerosakan struktur.
Namun ancaman terbesar terhadap kepercayaannya bukanlah api.
Bukan neraka. Bukan syurga. Bukan peluru.
Ia akan menjadi kemunafikan.
Dan bisikan untuk kembali.
Sehingga suatu malam di sebuah bilik hotel, apabila dia membuka pintu — dan melihat Dia yang telah diikutinya.
"Kita telah pergi terlalu jauh," kata suara itu.
"Sudah terlambat untuk berpatah balik."
Ini bukan cerita tentang tontonan.
Ia adalah tentang kesetiaan.
Dan sebelum buku ini tamat, anda akan menghadapi soalan yang sama:
Apabila api jatuh — apa yang tinggal?

PENGENALAN

Ini Bukan Cerita Tentang Kebakaran

Buku ini bukan tentang api.

Ia bukan tentang peluru, visi, campur tangan politik, atau survival dramatik.

Peristiwa-peristiwa itu telah berlaku.
Ia didokumenkan. Ia diberi keterangan.

Tetapi mereka bukanlah pusatnya.

Pusatnya adalah kesetiaan.

Ramai yang akan mendekati buku ini kerana unsur-unsur yang luar biasa — kebakaran yang jatuh, pertemuan dengan syurga dan neraka, percubaan pembunuhan, penyelamatan presiden. Perincian tersebut menarik perhatian. Ia mengganggu pemikiran rutin. Ia berhadapan dengan andaian.

Tetapi tontonan tidak mengekalkan transformasi.

Kesetiaan memang begitu.

Ini adalah buku tentang apa yang berlaku apabila keyakinan yang diwarisi berhadapan dengan kebenaran yang diwahyukan. Ia adalah tentang apa yang berlaku apabila struktur bertembung dengan pertemuan. Ia adalah tentang apa yang tinggal apabila sistem digoncang dan identiti diuji.

Ia tentang kesetiaan di bawah api.

Pewarisan dan Gangguan

Sesetengah orang mewarisi agama sepertimana orang lain mewarisi tanah.

Ia diberikan semasa lahir.
Ia dikuatkuasakan oleh persekitaran. Ia diperkukuh oleh budaya.

Dalam persekitaran sedemikian, iman tidak diperiksa — ia diserap.

Disiplin menjadi pengabdian.
Rutin menjadi kebenaran. Struktur menjadi identiti.

Dan apabila berlaku perubahan, ia bukanlah kecil.

Ia seismik.

Buku ini mengesan perubahan seismik itu.

Seorang ibu yang kesetiaannya berubah secara senyap tetapi tegas.
Seorang abang yang nyawanya terselamat di bawah mata pedang. Seorang bapa yang dunianya mula retak. Seorang mentor yang dilanda apa yang tidak dapat dijelaskan.

Tetapi sekali lagi — ini tidak dibentangkan untuk menimbulkan rasa kagum.

Ia dibentangkan untuk mendedahkan bahawa kebenaran sering mengganggu sebelum ia berubah.

Kebakaran Bukan Bukti

Dalam Kitab Suci, api sering muncul.

Ia jatuh ke atas mezbah Elia.
Ia membakar Nadab dan Abihu. Ia mengiringi Pentakosta.

Tetapi api tidak pernah menjadi mesejnya.

Ia adalah pengesahan.

Dalam naratif ini, api mengganggu sistem kepastian. Ia mendedahkan kesetiaan. Ia menandakan titik perubahan. Tetapi ia tidak melengkapkan perjalanan.

Wahyu sahaja tidak menghasilkan ketaatan.

Dia melihat syurga.

Dia nampak neraka.

Dia kembali.

Dan masih tidak serta-merta menyerah kalah.

Kenapa?

Kerana kesetiaan tidak dipaksa oleh pertemuan. Ia dibentuk oleh keputusan.

Pertempuran yang Lebih Besar

Peluru-peluru itu tidak menamatkan cerita.

Api itu tidak mendefinisikannya.

Pemindahan presiden tidak menjaminnya.

Ancaman terbesar datang kemudian — dari dalam gereja.

Kemunafikan.

Pengabdian yang suam-suam kuku.

Prestasi tanpa disiplin.

Godaan untuk kembali kepada agama yang tersusun daripada menanggung komuniti yang tidak sempurna.

Dan di situlah buku ini beralih daripada biografi kepada cermin.

Kerana ramai yang tidak meninggalkan kebenaran kerana kekurangan wahyu.

Mereka pergi kerana kecewa.

Mengapa Buku Ini Wujud

Buku ini wujud untuk pembentukan.

Bukan daya tarikan.

Ia wujud untuk menggerakkan pembaca melangkaui kekaguman kepada penelitian.

Bahagian I membentangkan naratif — dengan jelas, langsung, tanpa hiasan. Ia menjejaki pewarisan, konfrontasi, pertemuan, penganiayaan, pemeliharaan, dan komisen.

Bahagian II menyediakan perjalanan 40 hari yang berstruktur — bukan untuk meniru keperibadian, tetapi untuk memupuk kesetiaan yang berdisiplin kepada Kristus.

Ini penting:

Kami tidak mengarahkan pembaca kepada seorang lelaki.

Kami sedang mengarahkan pembaca kepada Kristus.

Kehidupan yang didokumentasikan di sini berfungsi sebagai kajian kes, bukan templat. Ilustrasi, bukan berhala. Kesaksian, bukan teologi.

Apabila kehidupan ini selaras dengan Kitab Suci, ia harus dipelajari.

Jika mana-mana kehidupan gagal memenuhi Kitab Suci, Kitab Suci tetap menjadi autoriti muktamad.

Matlamatnya bukanlah kesetiaan personaliti.

Ia adalah kesetiaan perjanjian .

Murid-murid Tersembunyi

Sepanjang Kitab Suci, kesetiaan tidak selalunya kelihatan umum.

Nikodemus datang pada waktu malam.
Yusuf dari Arimatea bertindak semasa pengebumian. Naaman berlutut di sebuah kuil asing sambil setia kepada Tuhan dalam hati. Daud tinggal di kalangan orang Filistin sambil mengekalkan identiti perjanjian. Ester menyembunyikan warisan sehingga masa memerlukan wahyu.

Kesetiaan kadangkala kuat.

Kadang-kadang ia strategik.

Tapi ia mestilah nyata.

Naratif ini memaksa persoalan utama:

Apakah yang mendasari kesetiaan anda — warisan, pertemuan, budaya atau keyakinan?

Untuk Pembaca

Buku ini adalah untuk:

Mereka yang mewarisi iman dan tidak pernah memeriksanya. Mereka yang menemui kebenaran dan menangguhkan penyerahan diri. Mereka yang terselamat daripada serangan tetapi bergelut dengan kekecewaan. Mereka yang mengharungi rumah tangga yang berpecah belah. Mereka yang menghadapi kemunafikan dalam sistem keagamaan. Mereka yang percaya bahawa Tuhan hanya bergerak dalam kumpulan orang ramai.

Syurga bergembira atas seseorang.

Kualiti sebelum kuantiti.

Jika api jatuh dan hanya satu yang bertindak balas — syurga masih bergerak.

Struktur Perjalanan

Bahagian I – Kisah Kesetiaan Dibawah Kebakaran
Satu penjejakan kronologi dan teologi tentang pembentukan, konfrontasi, penganiayaan, pemeliharaan dan penugasan.

Bahagian II – Perjalanan Strategik 40 Hari
Sauh naratif harian, Kitab Suci (Perjanjian Lama dan Baru), renungan, pengisytiharan, doa dan tindakan. Pergerakan yang disengajakan daripada keyakinan tersembunyi kepada ketahanan yang berdisiplin.

Ini bukan bacaan pasif.

Ia adalah pembentukan yang disengajakan.

Orientasi Akhir

Sebelum anda meneruskan, fahami perkara ini:

Buku ini tidak akan menghiburkan anda.

Ia tidak akan memuji andaian anda.

Ia tidak akan mensensasikan penderitaan.

Ia akan berhadapan dengan kesetiaan.

Kerana di penghujung api, neraka, syurga, peluru, kemunafikan, dan kelangsungan hidup — satu persoalan masih tinggal:

Awak milik siapa?

Dan apa yang tinggal apabila api jatuh?

BAB 1

Bapa yang Membina Struktur

Sebelum ada konflik di dalam rumah, sudah ada ketenteraman.
Sebelum ada pertobatan, ada disiplin.
Sebelum ada api dari syurga, terdapat pembentukan di bawah seorang bapa yang percaya bahawa agama bukanlah satu pilihan — ia adalah perintah.
Ayah Isa merupakan seorang veteran Perang Dunia Kedua. Ketelitian ketenteraan telah membentuknya jauh sebelum kebapaan berlaku. Ketelitian itu telah dibawa masuk ke dalam rumah tangga. Agama tidak dipisahkan daripada kehidupan seharian; ia mengawalnya.
Coraknya konsisten:
Pejabat ke masjid.
Masjid ke rumah. Rumah ke masjid.
Tiada penyimpangan. Tiada kesetiaan yang berbelah bahagi.
Tiada pematuhan yang santai.
Islam di rumah itu bukanlah hiasan budaya. Ia adalah struktur.
Kanak-kanak dibesarkan dalam sistem di mana kepatuhan dijangka dan dipantau. Puasa semasa Ramadan tidak bermula pada zaman remaja. Isa mula berpuasa pada usia lima tahun. Puasa sepanjang hari. Tiada pengecualian kerana usia.
Solat tidak terhad kepada kewajipan sahaja.
Dia telah memberi keterangan bahawa dia melakukan sebanyak 172 rakaat solat setiap hari. Ini termasuk solat wajib dan bacaan sunah tambahan. Ayat-ayat al-Quran diulang beribu-ribu kali. Meditasi kitab suci adalah harfiah, berulang-ulang, dan intensif.
Tiada tafsiran semula teks yang dilakukan.

Jika Al-Quran berkata, "Bunuh mereka di mana sahaja kamu menemui mereka," ia diterima begitu sahaja.
Tiada penyesuaian kontekstual. Tiada pelembutan teologi.
Ini adalah kepercayaan yang dilaksanakan.
Pada usia tujuh atau lapan tahun, Isa melaporkan bahawa dia mula mengalami manifestasi rohani yang difahaminya sebagai pertemuan dengan "jin". Dia menggambarkan melihat makhluk yang muncul dalam bentuk hibrid, kadangkala seperti haiwan, kadangkala bercahaya. Pertemuan ini tidak menakutkannya. Ia menguatkan ideologi yang diajar kepadanya.
Dia percaya pengalaman-pengalaman ini mengesahkan kebenaran Islam.
Menjelang dua belas tahun, pembentukan semakin intensif.
Dia menyertai latihan militan Islam terancang di luar bandar. Ini termasuk latihan fizikal, tinju, karate, pendedahan senjata, latihan survival, dan pengajaran ala gerila. Ibu bapa menyokong dan membiayai latihan ini. Ia dianggap sebagai latihan yang terhormat.
Beliau kemudiannya menggambarkan penglibatan dalam gerakan Islam yang berstruktur, termasuk perancangan strategik untuk pengembangan Islam. Beliau telah mengakui penyertaan dalam pencerobohan anti-Kristian secara langsung — memukul orang Kristian, membakar gereja, memusnahkan Bible secara terbuka, dan terlibat dalam intimidasi psikologi.
Ini bukanlah permusuhan yang disengajakan.
Ia adalah misi.
Disiplin menentukan sistem tersebut.
Kesetiaan yang diperkukuhkan secara ritual.
Pengulangan membina keyakinan.
Kebencian bukanlah sesuatu yang rawak; ia diajarkan.
Agama Kristian disamakan sebagai musuh.
Dominion dibingkaikan sebagai takdir.
Dan Isa menyerapnya.
Dia mahu menggembirakan ayahnya.
Dia mahu mempertahankan kepercayaannya.

Dia mahu memajukan tujuan yang dipercayainya sebagai mandat ilahi.
Menjelang masa remaja meningkat dewasa, dia belum lagi meneroka kepercayaan.
Dia sedang menguatkuasakannya.
Struktur itu telah siap.
Kesetiaan itu jelas.
Sistem itu berfungsi seperti yang direka bentuk.
Kemudian patah tulang bermula.
Bukan dari luar.
Dari dalam.
Ibunya telah memeluk agama Islam.

BAB 2

Ibu yang Bertaubat dan Kekal

Pertobatan pertama dalam rumah tangga itu tidak berlaku di medan perang.
Ia berlaku secara senyap-senyap.
Ibu Isa menyerahkan hidupnya kepada Kristus ketika masih tinggal di dalam rumah Islam yang diperintah dengan ketat. Ini bukanlah persekitaran di mana agama berfungsi sebagai budaya. Ia adalah identiti. Ia adalah perintah. Ia adalah ketertiban. Autoriti bapa dan ketaatan keluarga terhadap Islam saling berkaitan. Masjid menstrukturkan hari tersebut. Al-Quran menstrukturkan pemikiran. Ketaatan menstrukturkan tingkah laku.
Dan dalam struktur itu, ibu itu beralih kesetiaan.
Pada mulanya, penukaran agamanya tidak diumumkan secara terbuka. Ia bermula secara dalaman. Tetapi dalam rumah tangga yang berdisiplin, perubahan dalaman akhirnya timbul dalam tingkah laku.
Corak solatnya berubah.
Nada suaranya berubah.
Posturnya semasa saat-saat pengabdian berubah.
Dia masih memenuhi tanggungjawabnya sebagai isteri dan ibu. Dia terus menyediakan makanan. Dia terus menjaga rumah. Dia tidak berpisah secara fizikal daripada keluarga. Tetapi penjajaran rohaninya tidak lagi sama.
Perbezaan itu menimbulkan ketegangan.
Dalam isi rumah yang teratur, keseragaman mengekalkan kestabilan. Apabila satu ahli berbeza, seluruh sistem akan merasakan tekanan.
Dia tidak berhujah tentang teologi di meja makan. Dia tidak mengejek sistem yang dianutnya. Dia tidak secara terbuka mencabar autoriti suaminya. Sebaliknya, dia tetap hadir.

Kekal bukanlah kelemahan.
Kekal bermakna dia akan menghadapi akibatnya di dalam sistem dan bukannya dari jauh.
Kesetiaan barunya tidak tersembunyi selama-lamanya.
Anak-anak lelaki itu memerhati dengan teliti.
Mereka telah dilatih untuk memerhatikan disiplin. Mereka telah dilatih untuk mengenal pasti kesungguhan. Mereka tahu bagaimana rupa ketaatan Islam yang ketat. Mereka tahu apa yang diperlukan oleh penyertaan penuh.
Ada sesuatu yang berbeza.
Kedamaiannya tidak dibina atas bacaan yang sama.
Pengabdiannya tidak lagi mengikuti arah yang sama. Pusat dalamannya telah berubah.
itu mengekalkan ketenteraman. Strukturnya tidak longgar.
Jangkaan untuk mematuhi peraturan tidak lenyap.
Tetapi kini rumah itu mengandungi dua kesetiaan.
Suasana menjadi sesak.
Ia belum lagi meletup.
Tetapi ia berpecah belah.
Bagi Isa, yang masih kukuh dalam pegangan Islam militan, ini mengelirukan. Sistem yang dipercayainya mutlak kini menghadapi percanggahan di dalam rumahnya sendiri. Orang yang telah mengasuhnya kini menjelmakan kesetiaan yang berbeza.
Penukaran agama dalam suasana sedemikian bukan sekadar pertukaran agama.
Ia ditafsirkan sebagai pengkhianatan terhadap keturunan, kesetiaan, dan takdir.
Namun dia tetap tinggal.
Dia tidak meninggalkan perkahwinan itu.
Dia tidak meninggalkan keluarganya. Dia tidak mencari perlindungan di tempat lain.
Dia kekal di dalam ketegangan itu.
Imannya tidak dinyatakan dalam konfrontasi awam. Ia dinyatakan dalam ketabahan.
Ketabahan itu tidak lama lagi akan diuji tanpa perselisihan faham.

Penukaran seterusnya tidak akan kekal terkawal.
Anak lelaki sulung bertemu dengan Kristus.
Dan apabila dia berbuat demikian, keretakan rumah tangga itu menjadi konflik terbuka.

BAB 3

Amadu Almadu Buba dan Pedang

Perubahan agama kedua dalam rumah tangga itu tidak berlaku secara beransur-ansur.
Ia adalah tegas.
Abang sulung Isa, **Amadu Almadu Buba** , menyerahkan hidupnya kepada Kristus.
Ini bukanlah rasa ingin tahu peribadi. Ia adalah perubahan kesetiaan yang diisytiharkan. Dalam sebuah rumah tangga yang berstruktur di sekitar keyakinan Islam militan, keputusan sedemikian dianggap bukan sebagai perselisihan faham, tetapi sebagai pemberontakan.
Amadu tidak meninggalkan rumah sebaik sahaja selepas memeluk agama Islam. Dia kekal di dalam persekitaran yang sama seperti ibunya dahulu.
Tetapi reaksi terhadap penukarannya adalah berbeza.
Di mana perubahan ibunya menimbulkan ketegangan, perubahan agamanya menimbulkan konfrontasi.
Menurut keterangan Pastor Isa, keadaan menjadi semakin buruk dengan cepat. Bapanya, yang telah mentadbir rumah tangga dengan disiplin ketenteraan dan kesungguhan agama yang mutlak, bertindak balas dengan kekerasan.
Konfrontasi itu melangkaui kata-kata.
Isa menceritakan bahawa bapanya datang dari belakang Amadu dengan sebilah pedang.
Bukan isyarat simbolik.

Senjata sebenar.
Dia menggambarkan bilah itu sangat tajam — mampu melukai kulit dengan sentuhan yang sedikit. Niatnya bukanlah untuk menakut-nakutkan. Ia adalah untuk melaksanakan hukuman.
Si bapa mengangkat pedang untuk menyerang anaknya sendiri kerana memeluk agama Kristian.
Tiada rundingan yang berlaku pada ketika itu.
Bilah itu diangkat.
Mogok itu akan datang.
Kemudian, menurut catatan Isa, sesuatu berlaku yang mengubah hala tuju keluarga itu.
Dia telah menyatakan bahawa Roh Kudus telah campur tangan.
Dia menggambarkan bahawa Amadu telah dialihkan secara fizikal dari posisi dia berdiri.
Bukan melalui perjuangan.
Bukan melalui campur tangan manusia. Bukan dengan berlari.
Dia berkata Roh itu "memilih" abangnya dan mengalihkannya dari laluan bilah itu.
Pedang itu turun.
Tetapi ia tidak hinggap pada daging.
Sebaliknya, ia memotong trampolin di belakang tempat Amadu berdiri dan terhempas ke tanah.
Lokasi di mana bilah itu mengenai adalah tempat yang tepat di mana mayatnya berada beberapa saat sebelumnya.
Amadu sudah tiada di sana.
Dia telah dipindahkan ke lokasi berdekatan.
Serangan itu tersasar.
Percubaan membunuh itu tidak berjaya.
Detik itu menandakan titik perubahan dalam rumah tangga itu.
Ini bukan lagi perselisihan faham tentang doktrin.
Ini adalah percubaan hukuman mati.
Si bapa telah bertindak.
Pedang itu telah diangkat.
Bilah itu telah jatuh.

Namun begitu, anak lelaki itu masih hidup.
Amadu tidak menarik balik keputusannya selepas kejadian itu.
Dia tidak menolak keislamannya.
Dia tetap komited.
Menurut keterangan Isa, saudara yang sama kemudiannya menjadi pastor kanan dalam Gereja Deeper Life, berkhidmat di peringkat penyelia kebangsaan.
Pedang itu tidak menamatkan hidupnya.
Ia telah mendahului panggilannya.
Di dalam rumah itu, suasana berubah secara kekal.
Pertobatan ibunya secara senyap-senyap telah mewujudkan perpecahan dalaman.
Pengislaman Amadu dan insiden pedang telah mencetuskan perpecahan terbuka.
Sistem itu telah dicabar dari dalam.
Dan apa yang dahulunya merupakan kesetiaan yang seragam kini telah dipecahkan oleh kesetiaan yang saling bersaing.
Bagi Isa, yang masih berakar umbi dalam pembentukan militan Islam pada masa itu, insiden itu tidak boleh dipandang remeh dengan mudah.
Dia telah melihat niat ayahnya.
Dia telah melihat bilah itu jatuh.
Dia ternampak abangnya berdiri di tempat lain.
Peristiwa itu tidak serta-merta mengubahnya menjadi insan yang beriman.
Tetapi ia menimbulkan gangguan kepada keyakinannya.
Struktur sistem kepercayaannya kekal utuh.
Tetapi retakan telah mula terbentuk.
Konfrontasi seterusnya tidak akan melibatkan pedang.
Ia akan melibatkan kebakaran.

BAB 4

Pembentukan Dipergiatkan

Walaupun ibu dan abangnya telah beralih taat setia, Isa tidak. Malah, ketegangan di dalam rumah itu menguatkan tekadnya. Dia dibesarkan untuk mempercayai bahawa Islam bukan sekadar agama tetapi mandat untuk memerintah. Sejak kecil, disiplin telah membentuk identitinya. Insiden pedang yang melibatkan abangnya tidak meruntuhkan formasi itu. Ia menguatkan keyakinannya bahawa penyimpangan mesti ditentang.

Latar belakang ketenteraan bapanya telah membentuk lebih daripada sekadar rutin harian. Ia membentuk jangkaan kesetiaan dan kekuatan. Kelembutan emosi tidak digalakkan. Kepatuhan digalakkan.

Perkembangan Isa berterusan mengikut garis militan. Menjelang awal usia remajanya, beliau telah mendalami sepenuhnya struktur latihan Islam. Di luar bandar, di kawasan terpencil, beliau dan rekrut muda yang lain menjalani latihan fizikal dan pengukuhan ideologi. Latihan tersebut merangkumi:

- Pertempuran tangan kosong.
- Latihan karate dan tinju.
- Pengkondisian daya tahan fizikal.
- Latihan survival dalam keadaan yang sukar.
- Pendedahan kepada pengendalian senjata.
- Arahan strategik dalam peperangan gerila.

Ibu bapa membiayai latihan ini secara sukarela. Penyertaan dianggap mulia. Mempertahankan Islam tidak dilihat sebagai ekstremisme — ia adalah kebenaran.

Pengukuhan ideologi mengiringi latihan fizikal. Ayat-ayat al-Quran dihafal dan dibacakan dengan penekanan pada konfrontasi dengan orang yang tidak percaya. Kebencian terhadap orang Kristian dan Yahudi bukanlah ledakan emosi; ia dipupuk melalui pengulangan.

Isa telah mengakui penglibatan langsung dalam tindakan bermusuhan:

- Memukul orang Kristian.
- Memaksa intimidasi.
- Memusnahkan Bible secara terbuka.
- Mengambil bahagian dalam pembakaran gereja.
- Terlibat dalam pencerobohan agama yang terancang.

Dia tidak menggambarkan dirinya sebagai terlibat secara berat hati.

Dia percaya bahawa dia mempertahankan kebenaran.

Selain latihan militan, beliau meneruskan amalan kebaktian yang intensif. Selain solat fardhu lima waktu, beliau melakukan rakaat tambahan. Beliau telah memberi keterangan bahawa beliau telah solat sehingga 172 rakaat setiap hari. Pembacaan bukanlah simbolik. Ayat-ayat diulang beribu-ribu kali dalam meditasi. Ketaatan adalah harfiah.

Pada usia tujuh atau lapan tahun, beliau melaporkan manifestasi rohani yang ditafsirkannya sebagai penegasan Islam. Beliau menggambarkan melihat makhluk yang beliau percayai sebagai "al-jin." Pengalaman ini tidak menakutkannya; ia menguatkan tekadnya.

Sistem kepercayaannya tidak rapuh.

Ia diperkukuhkan oleh disiplin, pengulangan, pengalaman rohani, dan pengukuhan komuniti.

Menjelang usia dewasa muda, dia bukan sekadar peserta. Beliau terlibat dalam perancangan strategik Islam yang berstruktur. Beliau telah merujuk penglibatan dalam gerakan yang membayangkan pengembangan pengaruh Islam dalam jangka panjang merentasi wilayah. Pemikirannya bersifat turun-temurun. Strateginya sabar.

Pertukaran agama di dalam rumahnya tidak memujuknya.

Ia menyinggung perasaannya.

Dia melihat agama Kristian sebagai sesuatu yang lemah.

Dia melihat orang Kristian sebagai orang yang berkompromi.

Dia melihat Gereja sebagai sesuatu yang perlu dihadapi.

Kemudian peristiwa yang melibatkan imamnya berlaku.
Dan konfrontasi itu beralih dari ideologi ke pertemuan.

BAB 5

Maiduguri, Wawasan Neraka, dan Penolakan

Perubahan dalam hidup Isa tidak bermula dengan kebakaran itu.
Ia bermula dengan gangguan.
Semasa tahun-tahun perkembangan militannya, Isa mengembara ke Maiduguri.
Pada masa ini, beliau tetap komited sepenuhnya kepada Islam. Struktur ideologinya utuh. Permusuhannya terhadap agama Kristian kekal aktif. Disiplinnya tidak lemah.
Semasa di Maiduguri, beliau menceritakan pengalaman ghaib yang mengubah kepastian dalamannya.
Dia menyatakan bahawa dia telah ditunjukkan neraka.
Dia menggambarkannya bukan sebagai imaginasi atau mimpi, tetapi sebagai pertemuan.
Menurut kesaksiannya, dia melihat api dan penderitaan yang hebat. Dia melihat orang ramai dalam seksaan.
Dan antara mereka yang beliau kenali ialah **guru-guru Muslim — Mallam — individu yang telah mengajarnya doktrin Islam.**
Mereka ini bukanlah musuh Islam.
Mereka adalah pemimpin di dalamnya.
Dia melihat pengajar Islam yang dihormati dalam penderitaan.
Dia menggambarkan mereka menangis, dalam kesakitan, di dalam api itu.

Ini tidak selaras dengan kerangka kerja yang telah diajar kepadanya.
Dia dibesarkan untuk mempercayai bahawa Islam adalah satu-satunya jalan yang benar. Guru-guru Muslim adalah penjaga kebenaran. Destinasi abadi mereka dianggap selamat.
Tetapi dalam penglihatan yang digambarkannya, mereka tidak aman.
Mereka telah dihukum.
Dia tidak ditunjukkan kepada orang Kristian dalam seksaan.
Dia ditunjukkan kepada pihak berkuasa Islam dalam seksaan.
Butiran itu mengganggunya.
Berikutan itu, dia menceritakan diangkat ke atas dan ditunjukkan syurga.
Dia menggambarkan syurga sebagai tersusun, terang, teratur, dan damai.
Dia menyatakan bahawa dia melihat individu yang telah meninggal dunia.
Dia menggambarkan pengalaman itu sebagai sesuatu yang nyata dan nyata.
Dia ditunjukkan dua destinasi:
Seksaan.
Dan perintahkan.
Penghakiman.
Dan kedamaian.
Dia kembali daripada pengalaman itu.
Dan dia tidak memeluk agama Islam.
Visi itu tidak serta-merta mematahkan kesetiaannya.
Formasinya terlalu dalam.
Disiplin, pengulangan, ideologi militan dan kepercayaan berstruktur selama bertahun-tahun tidak runtuh di bawah satu pengalaman.
Dia kembali ke jalannya yang sebelumnya.
Dia terus mengamalkan ajaran Islam.
Dia meneruskan komitmen militan.
Dia terus memusuhi agama Kristian.
Tetapi gangguan itu tetap berlaku.

Dia telah melihat sesuatu yang tidak selari dengan apa yang telah diajar kepadanya.
Struktur ideologi masih teguh.
Tetapi ia kini mengandungi retakan.
Konfrontasi yang tegas itu tidak akan berlaku di Maiduguri.
Ia akan berlaku kemudian.
Ia akan melibatkan imamnya.
Dan ia akan melibatkan kebakaran.

BAB 6

Penglihatan Ketiga: 1982 — Penyerahan Diri

Isa sudah melihat cukup banyak perkara untuk mengganggu kestabilan seorang lelaki yang lebih rendah hati.

Dia telah melihat guru-guru Muslim diseksa.

Dia telah melihat syurga. Dia telah menyaksikan kematian imam yang membimbingnya dalam rahsia rohani.

Namun tiada satu pun daripada peristiwa itu yang mematahkan kesetiaannya.

Formasi di dalam dirinya terlalu dalam.

Dia telah dibentuk dengan berpuasa pada usia lima tahun. Melalui kitaran solat yang melebihi kewajipan. Melalui latihan militan. Melalui doa rahsia. Melalui pengulangan ayat-ayat yang membingkai dunia dalam kategori mutlak.

Islam bukanlah sistem kepercayaan yang dianutnya.

Ia adalah rangka identitinya.

Kemudian datanglah tahun 1982.

Dia menggambarkannya sebagai konfrontasi ketiga dan terakhir.

Dia berada di Negeri Borno . Pemikiran militan masih belum lembut. Masih ada rancangan, latihan, strategi. Dia tidak hanyut ke arah agama Kristian. Dia tidak ingin tahu. Dia tidak mencari.

Dia telah berkata dengan terus terang: tidak mungkin dia akan percaya kepada Yesus tanpa sesuatu yang tidak dapat dibantah — "super, super," dalam kata-katanya.

Pertemuan itu datang secara tiba-tiba.

Dia menggambarkan dirinya sedang duduk — kemudian memasuki apa yang dipanggilnya sebagai berkhayal.

Persekitaran fizikal di sekelilingnya semakin pudar.

Kemudian dia melihat-Nya.

Yesus.
Dia menggambarkan Yesus dengan api — bukan kehangatan simbolik, tetapi kehadiran yang menyala-nyala. Dia berkata api yang membara pada-Nya sangat kuat. Pertemuan itu tidak lembut. Ia sangat meluap-luap.
Kemudian pandangan itu beralih.
Neraka dibuka.
Dia kata dia nampak dengan jelas.
Api. Penderitaan.
Kesakitan.
Dia mengenali wajah-wajah.
Dia nampak orang yang dikenalinya.
Dia melihat guru-guru Muslim.
Dia melihat orang yang dihormatinya.
Dia ternampak datuknya.
Ini bukanlah teori teologi.
Ini adalah pengiktirafan.
Orang-orang yang dipercayainya selamat sedang terbakar.
Dia telah dilatih untuk mempercayai bahawa kesetiaan kepada Islam menjamin syurga.
Namun dalam penglihatan yang diceritakannya, mereka berada dalam seksaan.
Pertemuan itu tidak berhenti di situ.
Dia berkata dia kemudian ditunjukkan syurga.
Dia menggambarkan struktur, ketertiban, kecerahan, kedamaian.
Dia telah dilatih untuk mati kerana apa yang dipercayainya.
Dia telah diberitahu bahawa syahid adalah peningkatan taraf hidup. Kematian dalam jihad adalah kenaikan pangkat.
Dia tidak takut akan mati.
Dia telah mengalu-alukannya.
Jadi konfrontasi ini bukanlah tentang ketakutan akan kematian.
Ia adalah tentang pendedahan penipuan.
Dia mengatakan bahawa pada saat itu, segala-galanya di dalam dirinya hancur.
Bukan secara beransur-ansur.

Bukan dari segi emosi.
Secara struktural.
Bangunan ideologi itu runtuh.
Dia menyerah diri.
Pada tahun 1982, Isa menyerahkan hidupnya kepada Yesus Kristus.
Pembela Islam yang militan itu telah meletakkan kesetiaan.
Tetapi penyerahan diri tidak membawa kedamaian.
Ia mencetuskan peperangan.

BAB 7

Aku Melihat Api dari Syurga — Mentor

Sebelum ada konfrontasi, ada kepercayaan.

Imam itu telah mengenali Isa sejak kecil. Baginda telah menyaksikan perkembangannya. Baginda telah membetulkan sebutan, melatih ingatannya, membentuk posturnya dalam solat. Baginda bukanlah pengajar sekali-sekala; baginda merupakan pengaruh yang membentuk.

Di bawah bimbingannya, Isa mempelajari disiplin — bukan kepercayaan sambil lewa, tetapi pengabdian yang tersusun. Dia belajar cara membaca, cara mentafsir, cara bertahan.

Tetapi di luar ajaran awam, terdapat lapisan yang lebih dalam. Amalan yang tidak dibincangkan secara terbuka. Doa. Latihan rohani. Apa yang kemudiannya digambarkan oleh Isa tanpa teragak-agak sebagai "bahagian rahsia yang lebih dalam."

Bagi seorang budak lelaki yang dahagakan kesungguhan, ini adalah kuasa.

Imam bukan sekadar pemimpin agama. Baginda seorang penjaga pintu ilmu. Seorang lelaki yang amanah dengan apa yang orang lain tidak dapat akses.

Jadi apabila ketegangan mula timbul dalam perjalanan rohani Isa, ia bukanlah ketegangan dengan orang yang tidak dikenali. Ia adalah ketegangan dengan seseorang yang tangannya telah membentuknya.

Dan kemudian gangguan itu datang.

Isa tidak pernah melembutkan bahasa apa yang dilihatnya.

Dia tidak menggambarkannya sebagai mimpi, mahupun metafora. Dia berkata dengan terus terang:

"Aku nampak api dari syurga."

Dia menggambarkan kereta kuda.

Kereta-kereta api.

Menurun.
Dia melihatnya menyerang.
Imam itu rebah.
Orang lain tidak menggambarkan apa yang digambarkannya.
Mereka yang berdekatan kemudiannya bercakap tentang bisul yang muncul pada badan imam. Bengkak. Manifestasi fizikal. Mereka tidak bercakap tentang api. Mereka tidak bercakap tentang kereta kuda.
Isa menegaskan perbezaan itu:
Dia nampak api.
Mereka nampak bisul.
Imam itu meninggal dunia.
Detik itu mematahkan sesuatu di dalam dirinya.
Inilah orang yang telah memperkenalkannya kepada amalan tersembunyi, yang merangkumi autoriti dalam sistem itu. Jika autoriti itu dapat dicapai — jika struktur rohani itu dapat ditembusi — maka sesuatu yang lebih besar sedang bekerja.
Tetapi inilah yang menjadikan cerita ini jujur.
Dia tidak memeluk agama Islam pada hari itu.
Tiada penyerahan diri serta-merta. Tiada pembalikan kesetiaan serta-merta. Tiada keruntuhan emosi ke dalam agama baharu.
Sebaliknya, sesuatu yang lebih berbahaya telah berlaku.
Dia mengeraskan hati.
Konfrontasi itu tidak melembutkannya. Ia menguatkannya.
Apabila sesuatu sistem bergoncang, ada yang melarikan diri. Ada pula yang berputus asa. Isa berputus asa. Disiplinnya meningkat. Keazamannya menjadi lebih teguh. Identiti militannya semakin tajam.
Api itu mendedahkan sesuatu — tetapi pendedahan tidak secara automatik menghasilkan ketaatan.
Apa yang mati pada hari itu bukan sekadar seorang mentor. Ia adalah kepastian.
Tetapi runtuhnya kepastian tidak bermakna runtuhnya kesetiaan — bukan serta-merta.

Kebakaran itu tepat sekali. Ia bukanlah persembahan teater untuk orang ramai. Ia adalah gangguan yang disasarkan untuk seorang lelaki yang asasnya dibina di atas autoriti mentor itu.
Namun begitu, walaupun selepas melihat api.
Walaupun selepas melihat kematian.
Walaupun selepas mengesan gangguan.
Dia menyambung.
Itulah sebabnya konfrontasi seterusnya perlu lebih mendalam.
Bukan api luaran. Bukan manifestasi yang kelihatan. Sesuatu yang akan menembusi struktur masa lalu ke dalam kesetiaan itu sendiri.
Api itu melanda mentor itu.
Tetapi penyerahan diri masih berlaku.

BAB 8

Sembilan Kali Mereka Cuba Membunuhnya

Apabila Isa menyerah kalah pada tahun 1982, pertempuran rohani itu tidak reda.
Ia muncul ke permukaan.
Dia telah beralih daripada orang dalam kepada musuh.
Dia bukan lagi sekadar seorang Muslim.
Dia bukan lagi sekadar seorang militan.
Dia bekas ahli strategi yang kini menyebarkan ajaran Kristus.
Dan itu menjadikannya berbahaya.
Dia telah menyatakan dengan jelas: terdapat sembilan percubaan pembunuhan ke atasnya.
Bukan ugutan.
Percubaan.
Serangan besar pertama melibatkan tembakan.
Dia menggambarkan dirinya berhadapan secara langsung dengan pejuang jihad. Mereka ini bukanlah musuh yang tidak dikenali. Sebahagian daripada mereka memahami siapa dirinya. Mereka tahu latihannya. Mereka tahu peranannya. Mereka tahu minda strategiknya.
Tembakan dilepaskan.
Dia menceritakan bahawa peluru telah memasuki badannya. Semasa serangan itu, terdapat juga satu hentakan logam yang kuat di kepalanya. Dia menyifatkan hentakan itu sebagai teruk. Darah mengalir serta-merta dan deras. Jenis pendarahan yang membuatkan pemerhati yakin bahawa tengkorak itu telah hancur.
Dia rebah.
Mereka yang hadir menyangka dia telah mati.
Dia dimasukkan ke dalam kenderaan seolah-olah sudah selesai.

Diangkut.
Dibuang dalam jangkaan.
Tetapi dia tidak mati.
Walaupun darah kelihatan dari kepalanya, walaupun tembakan, walaupun serangan itu — dia masih hidup.
Dia kemudian menggambarkan bahawa peluru telah dikeluarkan dari badannya.
Dia terselamat.
Dia membingkaikan kelangsungan hidup itu bukan sebagai peluang, tetapi campur tangan.
Percubaan besar seterusnya datang melalui keracunan.
Dia diberi makanan.
Dia memakannya tanpa rasa curiga.
Individu-individu yang menyediakannya menjangkakan nyawanya akan berakhir dalam beberapa jam sahaja.
Mereka menunggu.
Dia tidak rebah.
Mereka menunggu lebih lama.
Dia kekal hidup.
Menurut catatannya, mereka yang memberikan racun itu kemudiannya kembali dan mengakui apa yang telah mereka lakukan. Mereka menjangkakan akan melihat mayat.
Sebaliknya, mereka melihatnya berfungsi.
Dia menggambarkan hasilnya sebagai kebalikan daripada kemusnahan.
Daripada menjadi lemah, dia berkata tubuhnya menjadi lebih kuat.
Ini tidak ditafsirkan oleh penyerangnya sebagai pemulihan yang normal.
Ia memperdalam permusuhan.
Percubaan diteruskan.
Dia menggambarkan dirinya diburu.
Dia menerangkan pergerakan dari satu tempat ke tempat yang lain.
Dia menggambarkan berdakwah di kampung-kampung dan beredar sebelum tindakan balas dapat diatur.

Dia menggambarkan beroperasi secara berhati-hati kerana jarak yang dekat dengan orang percaya membahayakan mereka. Orang Kristian takut bergaul dengannya kerana latar belakangnya yang dahulu menjadikannya tarikan untuk tindak balas ganas.
Dia berkata mengislamkan seorang Muslim adalah satu pertempuran.
Mengekalkan mualaf adalah satu lagi perkara.
Permusuhan itu tidak bersifat emosi.
Ia strategik.
Beliau berkata sistem dan struktur kerajaan terlibat pada tahap tertentu. Tekanan meningkat melangkaui militan yang terasing.
Pada satu ketika, tahap keterukan ancaman memerlukan campur tangan.
Dia menceritakan bahawa pengaturan peringkat presiden telah memudahkan pemindahannya ke Amerika Syarikat.
Keperluan untuk penyingkiran itu bukan untuk kemudahan.
Ia adalah untuk terus hidup.
Perhatian perubatan menyusul.
Dia terselamat.
Dia membingkai corak itu dengan jelas:
Peluru tidak menjatuhkannya.
Racun tidak menamatkannya.
Serangan hendap tidak menghabisinya.
Sembilan percubaan.
Sembilan kegagalan.
Dia mengaitkan setiap satunya dengan pemeliharaan ilahi.
Militan yang pernah maju dalam jihad kini berdiri sebagai pemimpin Kristian di bawah ancaman yang berterusan.
Namun begitu, dia tetap hidup.

BAB 9

Murid Tersembunyi dan Kesetiaan Di Bawah Perlindungan

Selepas percubaan pembunuhan, selepas peluru dan racun, selepas penempatan semula dan kelangsungan hidup, kehidupan Isa memasuki ketegangan yang berbeza.
Penukaran agama secara terbuka adalah satu pertempuran.
Kesetiaan yang berterusan dalam persekitaran yang bermusuhan adalah satu lagi perkara.
Dalam keterangannya, beliau menggambarkan kerumitan berada dalam persekitaran di mana pendedahan boleh mengakibatkan kematian serta-merta—bukan sahaja untuknya, tetapi juga untuk orang lain yang berkaitan dengannya.
Dia bercakap tentang beroperasi secara berhati-hati.
Dia bercakap tentang persekutuan yang terhad kerana orang percaya takut jarak yang dekat boleh menjadikan mereka sasaran.
Dia menggambarkan kehidupan "di antara" — tidak dipercayai sepenuhnya oleh orang Kristian pada mulanya kerana status militannya dahulu, dan diburu oleh jihadis kerana kesetiaan baharunya.
Ini memperkenalkan dimensi pemuridan yang sering disalahfahami:
Kesetiaan tersembunyi tidak semestinya berkompromi.
Kitab Suci mencatatkan corak yang serupa.
Nikodemus datang pada waktu malam.
Yusuf dari Arimatea mengikutinya secara rahsia sehingga saat pengebumian.
Esther menyembunyikan identiti sehingga masanya selaras.

Naaman berikrar setia kepada Tuhan Israel ketika masih berdiri di sisi seorang raja di kuil asing.
Pemuridan tersembunyi bukanlah penafian.
Ia adalah kelangsungan hidup sementara kesetiaan berubah secara dalaman.
Di kawasan-kawasan di mana Islam mentadbir struktur sosial dan politik, sesetengah mualaf tidak serta-merta meninggalkan persekitaran fizikal mereka.
Ada yang terus menghadiri struktur masjid secara luaran sambil berdoa secara dalaman melalui Kristus.
Ini bukanlah kekeliruan teologi.
Ia adalah strategik untuk terus hidup.
Isa menggambarkan realiti bahawa memurtadkan seorang Muslim adalah satu konfrontasi.
Mengekalkan iman yang teguh dan kekal dalam diri seorang mualaf adalah satu lagi perkara.
Pertempuran tidak berakhir dengan pengakuan dosa.
Ia semakin kuat.
Terdapat orang yang beriman yang kekal di dalam sistem walaupun kesetiaan telah berubah.
Mereka berdoa secara berbeza.
Mereka percaya secara berbeza. Mereka mengaku Kristus secara dalaman. Mereka bertindak dengan berhati-hati.
Ini bukan binaan fiksyen.
Mereka hidup dalam ketegangan di kawasan yang bermusuhan.
Kisah Isa tidak mencadangkan sandiwara awam sebagai satu-satunya bentuk kesetiaan.
Ia menunjukkan bahawa kesetiaan itu mula-mula bersifat rohani, kemudian barulah kelihatan.
Beberapa pengikut mesti bergerak dengan senyap.
Ada yang mesti berpindah secara terbuka.
Kebijaksanaan untuk membezakan yang mana perlu bukanlah kelemahan—iaitu kematangan.
Militan yang pernah dilatih untuk memusnahkan orang Kristian kini memahami sesuatu yang berbeza:
Tidak setiap pertempuran diperjuangkan dengan pendedahan.

Ada yang dilawan dengan penuh kesabaran.

BAB 10

Dari Kelangsungan Hidup kepada Struktur: Mandat Kementerian

Kelangsungan hidup sahaja bukanlah warisan.
Ramai orang terselamat daripada serangan.
Sedikit sahaja yang membina institusi selepas itu.
Selepas percubaan pembunuhan, selepas pemindahan, selepas pemulihan perubatan, selepas bertahun-tahun berdakwah di bawah ancaman, kisah Isa tidak berakhir dengan persembunyian.
Ia beralih kepada struktur.
Dia tidak membina platform personaliti.
Dia membina satu komisen.
Suruhanjaya itu dikenali sebagai **Evangelical Biblical Outreach Ministries International (EBOMI)** .
Mandatnya, seperti yang dinyatakan secara terbuka, adalah jelas:
Untuk menggerakkan, melatih, melengkapi, dan memperkasakan orang percaya, pemimpin gereja, penjawat awam, dan tokoh politik untuk berjalan menuju takdir

kenabian mereka dan menyebarkan apa yang digambarkan oleh kementerian sebagai Injil yang tidak dicairkan — mempercepat pertumbuhan Kerajaan melalui syafaat dan kebangkitan.

Bahasa pelayanan mencerminkan tema yang konsisten daripada kehidupannya: penjaga.

Laman web tersebut merujuk kepada Yehezkiel 33:7, Yehezkiel 22:26–30, dan Yesaya 62:6 — petikan yang menyeru pengawal untuk berdiri di celah apabila sistem runtuh.

Mesej itu bukanlah agama Kristian yang pasif.

Ia adalah tanggungjawab.

Dia telah menyatakan secara terbuka:

"Apabila aku diselamatkan daripada Jihadisme Islam, Tuhan berfirman kepadaku, anakku, pergilah dan hasut pengawal-pengawal itu untuk mengambil tempat mereka supaya Aku tidak memusnahkan orang ramai."

Bahasanya terus terang.

Mandat itu bersifat konfrontatif.

Penekanan adalah pemulihan "mercu tanda purba".

EBOMI beribu pejabat di Jos, Negeri Plateau, Nigeria.

Ia beroperasi sebagai:

- Sebuah pelayanan gereja.
- Suruhanjaya latihan.
- Platform kebangkitan semula.
- Struktur mobilisasi kenabian.

Tetapi cerita ini tidak berhenti pada dakwah.

Terdapat dimensi kedua: penglibatan kemanusiaan.

Melalui **Yayasan El- Buba** , jangkauan tersebut merangkumi khidmat praktikal.

Anda menyatakan — dan ini mesti disertakan dengan teliti — bahawa lebih 80% penerima manfaat adalah orang Islam.

Perincian itu penting.

Bekas militan itu kini memberi makan, mendidik, dan memperkasakan komuniti yang terdiri daripada kumpulan agama yang pernah dipertahankannya dengan ganas.

Yayasan ini beroperasi:

- Institusi pendidikan.
- Inisiatif pertanian.
- Ladang dan tanah yang diperuntukkan untuk penanaman.
- Sokongan untuk golongan miskin dan tidak berkemampuan.

Ramai daripada mereka yang disokong adalah Muslim.
Ini bukan retorik ideologi.
Ia adalah pembalikan sosial.
Lelaki yang pernah dilatih untuk memusnahkan gereja kini menguruskan sekolah.
Bekas pejuang jihad itu kini menyediakan tanah pertanian untuk golongan miskin.
Perkhidmatan menggantikan pencerobohan.
Struktur menggantikan militansi.
Peruntukan menggantikan keganasan.
Walaupun di dalam rumah tangganya sendiri, kisah perpecahan dan kewujudan bersama masih kekal.
Anda menyatakan bahawa keluarganya masih berpecah belah — ada yang Muslim, ada yang Kristian — namun mereka masih makan bersama.
Perincian itu sangat berkuasa.
Ia menunjukkan bahawa penukaran tidak memadamkan hubungan hubungan.
Kesetiaan berubah.
Maruah manusia kekal.
Bab ini penting kerana ia menghalang naratif daripada berakhir dengan penganiayaan sahaja.
Ia menunjukkan buah-buahan.
Ia menunjukkan infrastruktur.
Ia menunjukkan kesinambungan institusi.
Ia menunjukkan bahawa pembentukan berdisiplin, apabila dialihkan, boleh membina masyarakat dan bukannya menyerangnya.

KESIMPULAN KEPADA BAHAGIAN I

Apa yang Dihasilkan oleh Kesetiaan

Seorang kanak-kanak berusia lima tahun berpuasa. Seorang remaja militan. Seorang mentor yang terbakar. Seorang lelaki yang melihat neraka. Penyerahan diri pada tahun 1982. Sembilan percubaan pembunuhan. Peluru. Racun. Pemindahan. Kemandirian.

Dan kemudian—

Sekolah.

Ladang. Kerja-kerja asas. Pengawal digerakkan. Komuniti Islam dilayan. Sebuah keluarga yang berpecah belah masih makan di satu meja.

Cerita itu tidak mengagungkan keganasan.

Ia mendedahkan pembentukan.

Ia tidak meromantisasikan penganiayaan.

Ia menunjukkan daya tahan.

Ia tidak menunjukkan penukaran hati sebagai pelarian.

Ia membentangkannya sebagai pemindahan kesetiaan yang berbangkit.

Sekarang persoalannya kembali kepada pembaca:

Jika disiplin militan boleh membina kemusnahan,

Apakah yang boleh dibina oleh kesetiaan yang berdisiplin kepada Kristus?

Bahagian II bukanlah cadangan.

Ia adalah tindak balas

Surat-surat Hidup – Siri Renungan 40 Hari - 3 Pembelajaran BERMULA…

>>>>>

CARA MENGGUNAKAN RENUNGAN INI

Panduan Pembentukan untuk Individu, Keluarga dan Komuniti

Perjalanan 40 hari ini tidak direka untuk dihabiskan.
Ia direka untuk membentuk anda.
Ini bukan jadual membaca.
Ia adalah laluan pembentukan.
Bergerak perlahan-lahan.
Bergerak dengan jujur. Bergerak dengan sengaja.

UNTUK INDIVIDU

Renungan ini bertujuan untuk dihayati sehari demi sehari.
Tidak dipercepatkan.
Tidak disusun bertindan. Tidak tergesa-gesa.
Rentak Harian yang Dicadangkan (20–30 Minit)
Setiap hari mengandungi:
• Sauh naratif
• Dua Kitab Suci (Perjanjian Lama dan Baru) • Pelajaran • Soalan Refleksi • Satu Perisytiharan • Satu Doa • Satu Langkah Tindakan

Bergerak melaluinya dalam susunan ini:
1. Baca Perlahan-lahan
Jangan baca sepintas lalu.
Jangan cari sorotan. Bacalah seolah-olah hidup anda sedang diperiksa — kerana memang begitu.
2. Duduk dengan Kitab Suci
Baca kedua-dua petikan dengan kuat jika boleh.
Perhatikan ketegangan. Perhatikan rintangan. Perhatikan keyakinan.
Jangan mempertahankan diri daripada Firman.
3. Renungkan Tanpa Prestasi
Soalan-soalan itu bukan untuk dipamerkan secara intelektual.
Ia adalah cermin.
Jawab ringkas.
Jawab dengan jujur. Anda tidak dinilai — anda sedang dibentuk.
4. Isytiharkan dengan Niat
Perisytiharan-perisytiharan itu bukanlah pernyataan motivasi.
Ia adalah pernyataan penjajaran.
Ucapkannya perlahan-lahan.
Biarlah kehendak anda bersetuju sebelum emosi anda bersetuju.
5. Patuhi Langkah Tindakan
Setiap hari merangkumi tindakan ketaatan yang kecil.

Lakukannya secara senyap-senyap.
Jangan umumkannya.
Jangan siarkannya. Jangan dramatisasikannya.
Pembentukan berlaku dalam ketaatan tersembunyi.

Postur untuk Kegunaan Peribadi

Agar renungan ini berfungsi:
• Baca satu hari sahaja setiap hari
• Tahan keinginan untuk terus maju • Jangan mencari pengalaman emosi — cari penyelarasan • Catatkan hanya apa yang menjelaskan kepatuhan • Jika sehari itu sangat meyakinkan anda, kekal di situ selama 24–48 jam
Transformasi tidak diukur dengan kelajuan.

UNTUK KELUARGA

Perjalanan ini juga boleh digunakan dalam keluarga yang menavigasi kepercayaan yang berpecah belah, ketegangan generasi atau struktur kepercayaan yang diwarisi.
Ritma yang dicadangkan:
• Setiap orang melengkapkan bacaan harian secara individu
• Sekali seminggu, hanya kongsikan apa yang telah dihadapi secara peribadi • Tiada pembetulan. Tiada pengajaran. Tiada perdebatan.
Hormati prosesnya.
Pembentukan tidak dapat bertahan dalam hujah.

UNTUK KUMPULAN KECIL & BULATAN PENGARAH

Renungan ini berkesan dalam:
• Kohort kepimpinan
• Komuniti doa • Kumpulan syafaat • Pasukan pemuridan • Bulatan pembentukan rohani

Struktur yang Disyorkan

Daripada bertemu setiap hari, kumpulan harus:
• Selesaikan lima hari renungan secara peribadi
• Berkumpul sekali seminggu • Luangkan satu hari untuk berehat atau mengejar ketinggalan

Ini membolehkan kepatuhan diamalkan secara peribadi dan diproses secara korporat.

Aliran Kumpulan 60–90 Minit

1. Lima Minit Kesunyian

Tiada kemas kini. Tiada pengumuman. Biarkan bilik tenang.

2. Refleksi Bersama (Tiada Ulasan)

Setiap orang hanya menjawab:• Apakah yang mendedahkan saya minggu ini?• Di manakah saya menentang?• Apakah yang Tuhan jelaskan?

Tiada pengajaran.

Tiada pembetulan. Tiada cakap balas.

3. Pembacaan Semula Kitab Suci

Bacalah satu petikan Perjanjian Lama dan satu petikan Perjanjian Baru dengan kuat sekali lagi.

Tanya:

• Apakah penjajaran yang diperlukan? • Apakah buah yang mula terbentuk?

4. Doa

Berdoalah untuk ketaatan — bukan keselesaan. Isytiharkan keselarasan bersama.

Perjanjian Kumpulan (Tidak Boleh Dirunding)

Agar ini kekal sebagai persekitaran pembentukan:

• Dilarang saling membetulkan
• Dilarang mengajar tanpa diminta • Dilarang memberi nasihat melainkan dijemput • Dilarang berkongsi di luar kumpulan • Dilarang membuat perbandingan kerohanian
Ini tanah suci.
Lindungilah ia.

UNTUK PEMIMPIN DAN FASILITATOR

Jika anda membimbing orang lain melalui perjalanan ini:
Peranan anda bukanlah untuk menguasai.
Peranan anda adalah untuk mengawal rentak dan suasana.
• Contohi kejujuran
• Benarkan kesunyian • Jangan tergesa-gesa apabila menghadapi saat-saat yang tidak selesa • Elakkan daripada mengubah refleksi menjadi khutbah
Buku ini membentuk watak sebelum kapasiti.
Jika kapasiti berkembang tanpa watak, keruntuhan akan menyusul.

APAKAH BUKU INI — DAN BUKAN
Buku ini ialah:
• Laluan pembentukan berstruktur
• Instrumen pemuridan • Konfrontasi kesetiaan • Tempat latihan untuk ketahanan
Buku ini bukan:
• Buku teks teologi
• Renungan motivasi • Kajian berpusatkan personaliti • Pertunjukan kesaksian
Ia direka untuk meninggalkan kesan — bukan kesan.

Kata Akhir
Sama ada anda menempuh perjalanan ini seorang diri atau bersama komuniti, tanggungjawabnya adalah sama:
Anda tidak diminta untuk mengagumi cerita itu.
Anda diminta untuk memeriksa kesetiaan anda.
Baca perlahan-lahan.
Patuhi dengan senyap. Bertahanlah dengan teguh.
Dunia sedang membaca hidupmu.
Menjadi mudah dibaca.

BAHAGIAN II

PERJALANAN SETIA STRATEGIK 40 HARI

Dibina untuk Menahan Kebakaran - Tanggungjawab Pengawal

Tema Watchman bukanlah bahasa puitis.
Ia adalah tanggungjawab.
Yehezkiel 33:7 bercakap tentang seseorang yang melihat bahaya dan mesti bercakap.
Pelayanan Isa membingkaikan generasi ini sebagai generasi di mana para imam berkompromi, para nabi hanyut, para pemimpin ditindas, dan orang-orang meninggalkan kekudusan.
Kegagalan itu bukan sahaja berlaku di kalangan pemimpin.
Ia adalah antara pengawal yang meninggalkan jawatan mereka.
Bahagian II bukanlah kekaguman.
Ia adalah kedudukan.
Selama empat puluh hari, kamu akan membina apa yang mungkin telah kamu abaikan.
Anda tidak akan mengejar emosi.
Anda akan mengejar struktur.
Anda tidak akan mengejar pengalaman.
Anda akan mengembangkan daya tahan.
Anda tidak akan meniru militansi.
Anda akan memupuk kesetiaan yang berdisiplin.
Ini bukan tentang menjadi bising.
Ia adalah tentang menjadi stabil.
Empat puluh hari akan datang bukanlah simbolik.
Mereka adalah seni bina.

Bahagian I menunjukkan kepada anda kehidupan yang ditempa di bawah tekanan.
Bahagian II akan membantu anda membina satu yang tahan lasak apabila kebakaran berlaku.
Balik halaman.

HARI 1

Pembentukan Sebelum Kebakaran

Sauh Cerita

Sebelum Isa melihat syurga.
Sebelum dia melihat neraka.
Sebelum dia melihat api dari syurga.
Sebelum dia terselamat daripada peluru.
Dia telah dibentuk.
Bapanya membina struktur di rumah.
Solat dididik secara berdisiplin. Rutin tidak boleh dirundingkan. Kesungguhan agama dikuatkuasakan.
Menjelang usia lima tahun, puasa telah bermula.
Menjelang masa remaja, pengulangan telah menjadi identiti.
Apabila krisis tiba, dia tidak bertindak balas secara rawak.
Dia bertindak balas dari awal.
Api itu tidak mencipta kekuatan.
Pembentukan berjaya.

Sauh Kitab Suci
Perjanjian Lama
"Jika asas-asas dirobohkan, apakah yang dapat dilakukan oleh orang benar?"
— Mazmur 11:3

Kebakaran mendedahkan asas.

Perjanjian Baru

"Setiap orang yang mendengar perkataan-Ku ini dan melakukannya... ia sama seperti orang yang bijaksana yang mendirikan rumahnya di atas batu."

— Matius 7:24

Daya tahan dibina sebelum ribut tiba.

Pelajaran

Anda tidak akan mencapai tahap keinginan anda.
Anda akan jatuh ke tahap formasi anda.
Formasi awal Isa membina intensiti militan.
Kemudian, disiplin Kristian terpaksa membina semula struktur.
Pengajaran untuk anda:
Iman yang sambil lewa runtuh di bawah tekanan.
Iman yang berdisiplin akan bertahan.
Anda tidak boleh menunggu krisis untuk membina asas.

Soalan Refleksi

1. Apakah asas rohani saya sekarang yang dibina?
2. Jika penganiayaan atau tekanan datang, tabiat apakah yang akan menyokong saya?
3. Adakah doa saya berdisiplin atau emosional?
4. Adakah saya lebih bergantung pada perhimpunan gereja daripada pengabdian peribadi?
5. Apakah struktur harian yang membentuk kesetiaan saya?

Tulis jawapan anda.

Perisytiharan

Berdiri dan isytiharkan:
"Asas saya tidak akan berlaku secara tidak sengaja.
Saya akan membina sebelum ribut. Kesetiaan saya akan tersusun. Iman saya tidak akan runtuh di bawah tekanan."
Ulanginya perlahan-lahan.

Doa Berstruktur (30 Minit)

1. Ibadah (10 minit)

Akui Kristus sebagai asas anda.

2. Taubat (10 minit)

Mengaku ketidakkonsistenan rohani dan kemalasan.

3. Penjajaran (10 minit)

Mintalah Tuhan untuk membina disiplin dalam kehidupan seharian anda.

Titik Tindakan

Hari ini anda akan:

1. Tetapkan waktu solat harian (minimum 20 minit).
2. Pilih satu Injil untuk dibaca secara konsisten selama 30 hari.
3. Buang satu gangguan yang melemahkan fokus.
4. Tulis jadual kerohanian peribadi dan lekatkannya dengan jelas.
5. Maklumkan kepada seseorang bahawa anda komited terhadap pertumbuhan yang berdisiplin.

HARI 2

Kuasa Tenang Yang Mengubah Suasana

Sauh Cerita

Pertukaran agama pertama dalam isi rumah itu tidaklah bising.
Ia tidak militan.
Ia tidak konfrontatif. Ia tidak menuntut perubahan segera.
Ia adalah seorang ibu.
Dia tidak meninggalkan rumah.
Dia tidak memulakan perdebatan awam. Dia tidak meninggalkan tanggungjawab.
Dia kekal.
Di dalam rumah Islam yang tersusun rapi.
Ketegangan di dalam. Risiko di dalam.
Pengislamannya tidak bermula dengan perdebatan.
Ia bermula dengan konsistensi.
Kadangkala sejarah berubah bukan melalui kekerasan, tetapi melalui ketahanan yang tenang.

Sauh Kitab Suci
Perjanjian Lama
"Dengan hikmat rumah dibina, dan dengan kepandaian ia ditegakkan."
— Amsal 24:3
Tidak semua asas dibina melalui kekuatan.
Ada yang dibina melalui kestabilan.
Perjanjian Baru
"Demikian juga kamu, hai isteri-isteri, tunduklah kepada suamimu, supaya jika ada di antara mereka yang tidak taat kepada firman, mereka boleh dimenangkan tanpa perkataan

oleh tingkah laku isteri mereka."
— 1 Petrus 3:1
Transformasi tidak selalunya kuat.
Ia sering diperhatikan.

Pelajaran

Kuasa tidak selalunya mengumumkan dirinya sendiri.
Kadang-kadang ia bertahan.
Ibu itu tidak memaksa seseorang untuk memeluk agama Kristian.
Dia mencontohi keyakinan.
Dia tidak menjauhkan dirinya daripada kesukaran.
Dia tetap berada di dalamnya.
Ramai orang percaya percaya bahawa melarikan diri adalah iman.
Tetapi kadangkala kesabaran adalah iman.
Rumah anda.
Tempat kerja anda. Persekitaran anda.
Anda mungkin tidak dapat mengawal struktur di sekeliling anda.
Tetapi anda mengawal konsistensi anda di dalamnya.

Soalan Refleksi

1. Di manakah Tuhan telah menempatkan saya yang terasa bermusuhan atau kering secara rohani?
2. Adakah aku cuba melarikan diri dan bukannya bertahan?
3. Adakah tingkah laku saya mencerminkan transformasi?
4. Adakah seseorang yang tinggal bersama saya akan melihat Kristus tanpa saya berkhutbah?
5. Adakah saya konsisten apabila tidak dilihat?

Tulis jawapan anda perlahan-lahan.

Perisytiharan

Katakan dengan kuat:

"Saya tidak akan meninggalkan jawatan saya.
Ketekalan saya akan berbicara. Tingkah laku saya akan mencerminkan Kristus. Saya akan bertahan tanpa kompromi."
Ulanginya dengan sengaja.

Doa Berstruktur (30 Minit)

1. Ibadah (10 Minit)

Bersyukurlah kepada Tuhan atas persekitaran yang telah Dia tempatkan untuk anda.

2. Menyerah Diri (10 Minit)

Lepaskan kekecewaan anda tentang persekitaran yang sukar.

3. Kekuatan (10 Minit)

Mintalah daya tahan yang tenang dan keyakinan yang teguh.

Titik Tindakan

Hari ini anda akan:

1. Pilih satu hubungan di mana anda akan mencontohi Kristus melalui tingkah laku, bukan pertengkaran.
2. Buang satu tabiat reaktif (merungut, bercakap kasar, mengelak).
3. Tulis satu ayat komitmen tentang konsistensi dan tampalkannya di tempat yang mudah dilihat.
4. Berdoalah secara khusus untuk seseorang dalam persekitaran anda yang tidak bersetuju dengan anda.
5. Bertekadlah untuk tetap setia di tempat anda berada selama 7 hari berikutnya tanpa berundur.

HARI 3

Keyakinan yang Terselamat daripada Pedang

Sauh Cerita

Apabila keyakinan beralih daripada ketahanan yang senyap kepada pengisytiharan yang kelihatan, reaksi itu semakin meningkat.
Seorang anak lelaki memilih secara berbeza.
Keputusan itu bukan teori.
Ia adalah keputusan umum.
Dan tindak balasnya tidaklah ringan.
Sebilah pedang diangkat.
Kos kesetiaan menjadi serta-merta.
Sabitan diterima semasa ia bersifat peribadi.
Ia ditentang apabila ia menjadi kelihatan.
Iman yang berdiam diri sering mengelakkan konfrontasi.
Iman yang diketahui ramai menarik tentangan.
Kesetiaan sentiasa membawa padah.

Sauh Kitab Suci
Perjanjian Lama
"Pilihlah pada hari ini kepada siapa kamu akan beribadah... Tetapi aku dan keluargaku, kami akan beribadah kepada TUHAN."
— Yosua 24:15
Kesetiaan awam menuntut keputusan.
Perjanjian Baru
"Sesungguhnya, setiap orang yang mau hidup beribadah di dalam Kristus Yesus akan menderita aniaya."
— 2 Timotius 3:12

Keyakinan tidak neutral.
Ia menimbulkan reaksi.

Pelajaran
Setiap orang yang beriman akhirnya menghadapi soalan ini:
Adakah kesetiaan saya akan kekal di dalam diri,
atau adakah ia akan menjadi nyata?
Sebaik sahaja keyakinan beralih daripada pemikiran kepada deklarasi,
tekanan meningkat.
Ini tidak selalunya bermaksud keganasan fizikal.
Ia mungkin bermaksud:

- Rintangan sosial
- Ketegangan keluarga
- Had kerjaya
- Penolakan
- Salah faham

Pedang itu mungkin bukan logam.
Tetapi ia akan menjadi nyata.
Keyakinan yang tidak dapat bertahan daripada rintangan masih belum berakar umbi.

Soalan Refleksi

1. Di manakah saya telah mendiamkan iman saya untuk mengelakkan ketidakselesaan?
2. Apakah hubungan yang akan berubah jika saya telus sepenuhnya tentang kesetiaan saya?
3. Adakah saya bersedia untuk salah faham?
4. Ketakutan apakah yang menyembunyikan sebahagian keyakinan saya?
5. Adakah saya akan kekal stabil jika tekanan meningkat?

Jawab tanpa keterlaluan secara rohani.

Perisytiharan
Berdiri dan isytiharkan:
"Kesetiaan saya tidak bersyarat.
Saya tidak akan mencairkan keyakinan saya. Saya akan kekal

teguh di bawah tekanan. Saya memilih Kristus secara terbuka dan tanpa kompromi."
Cakaplah perlahan-lahan.

Doa Berstruktur (30 Minit)
1. Ibadah (10 Minit)
Akui Kristus sebagai Tuhan atas reputasi anda.
2. Keberanian (10 Minit)
Mintalah kekuatan untuk berdiri tanpa permusuhan dan tanpa rasa takut.
3. Perlindungan (10 Minit)
Berdoalah untuk kebijaksanaan dan perlindungan ilahi atas kesetiaan yang kelihatan.

Titik Tindakan
Hari ini anda akan:

1. Identifikasikan diri anda dengan Kristus secara terbuka dalam satu cara yang kecil tetapi disengajakan.
2. Tolak satu kompromi yang melemahkan integriti.
3. Lakukan satu perbualan jujur yang telah anda elakkan.
4. Bacalah Yosua 24 dengan kuat.
5. Berdoalah secara khusus untuk keberanian, bukan penghiburan.

HARI 4

Apabila Tuhan Mengganggu Bilahnya

Sauh Cerita

Pedang itu nyata.
Niat itu muktamad.
Mogok itu bukanlah simbolik.
Namun bilah itu tidak mendarat.
Apa yang sepatutnya menamatkan kehidupan tidak berjaya.
Ada saat-saat dalam hidup di mana campur tangan tidak dapat dinafikan.
Di mana keadaan bergerak di luar penjelasan manusia.
Di mana kelangsungan hidup bukanlah strategi.
Ia adalah gangguan.
Sebelum penyerahan diri.
Sebelum kementerian. Sebelum impak awam.
Terdapat pemeliharaan.
Kadangkala Tuhan memeliharamu sebelum kamu benar-benar memahami sebabnya.

Sauh Kitab Suci
Perjanjian Lama
"Setiap senjata yang ditempa untuk melawan engkau tidak akan berhasil."
— Yesaya 54:17
Senjata mungkin terbentuk.
Ia tidak selalunya memenuhi tujuan.
Perjanjian Baru
"Tuhan akan menyelamatkan aku daripada setiap serangan yang jahat dan akan membawa aku dengan selamat ke dalam

Kerajaan-Nya di syurga."
— 2 Timotius 4:18
Menyelamat tidak menghapuskan serangan.
Ia mengatasinya.

Pelajaran
Campur tangan bukanlah hak.
Ia adalah rahmat.
Pemeliharaan bukanlah bukti kesempurnaan.
Ia adalah bukti tujuan.
Sesetengah orang mentafsirkan kelangsungan hidup sebagai nasib.
Ada pula yang mentafsirkannya sebagai masa.
Tetapi apabila sesuatu yang bertujuan untuk memusnahkan anda gagal,
ia memerlukan refleksi.
Tanya diri anda:
Kenapa saya masih di sini?
Anda telah terselamat:

- Kemalangan.
- Penyakit.
- Keruntuhan kewangan.
- Kerosakan emosi.
- Situasi yang sepatutnya berakhir secara berbeza.

Pemeliharaan bukanlah pasif.
Ia membawa tanggungjawab.
Jika anda dipelihara,
anda telah dipelihara untuk sesuatu.

Soalan Refleksi

1. Di manakah dalam hidup saya yang pernah saya lihat dengan jelas pemeliharaannya?
2. Adakah saya menganggap kelangsungan hidup sebagai sesuatu yang sambil lewa?

3. Pernahkah aku bertanya mengapa Tuhan menyelamatkanku?
4. Adakah aku hidup seolah-olah hidupku mempunyai tujuan?
5. Apa yang hampir memusnahkan saya sebelum ini?

Tulis momen-momen tertentu.

Perisytiharan

Katakan dengan kuat:

"Aku dipelihara untuk tujuan.
Kelangsungan hidupku bukanlah sesuatu yang tidak disengajakan.
Aku tidak akan mensia-siakan rahmat ilahi.
Aku akan hidup dengan sengaja."

Ulanginya perlahan-lahan.

Doa Berstruktur (30–35 Minit)

1. Kesyukuran (10 Minit)

Bersyukur kepada Tuhan atas saat-saat tertentu yang dapat dipelihara.

2. Berserah Diri (10 Minit)

Serahkan masa depan anda kembali kepada-Nya dengan sengaja.

3. Penjajaran (10–15 Minit)

Minta penjelasan mengenai tugasan anda.

Titik Tindakan

Hari ini anda akan:

1. Tuliskan tiga momen khusus di mana anda dipelihara.
2. Kongsikan salah satu testimoni tersebut dengan seseorang.
3. Buang satu tabiat yang menghina anugerah untuk terus hidup.
4. Doakan Mazmur 23 dengan kuat.
5. Dedikasikan satu aspek kehidupan anda sepenuhnya kepada tujuan Tuhan.

HARI 5

Apabila Kebenaran Mengganggu Anda

Sauh Cerita

Dia nampak.
Dia ditunjukkan neraka.
Dia mengenali wajah-wajah.
Dia melihat guru-guru agama yang dihormati sedang diseksa.
Dia melihat syurga.
Dia melihat ketenteraman dan kedamaian.
Dia kembali.
Dan dia tidak menyerah kalah.
Kebenaran tidak selalu menghasilkan ketaatan serta-merta.
Kadangkala ia menimbulkan gangguan.
Gangguan bukanlah penukaran.
Ia adalah pendedahan.
Anda boleh melihat dan masih menentang.
Anda boleh tahu dan masih bertangguh.
Anda boleh dikonfrontasi dan masih mengeraskan hati.
Ada musim di mana kebenaran berdiri di depan pintu,
dan anda yang memutuskan sama ada untuk membukanya atau tidak.

Sauh Kitab Suci
Perjanjian Lama
"Firaun mengeraskan hatinya dan tidak mahu mendengar."
— Keluaran 8:15
Melihat tanda-tanda tidak menjamin penyerahan diri.
Perjanjian Baru

"Pada hari ini, jika kamu mendengar suara-Nya, janganlah keraskan hatimu."
— Ibrani 3:15
Kelewatan boleh menjadi rintangan.

Pelajaran
Ramai orang yang beriman beranggapan kejahilan adalah masalah mereka.
Selalunya tidak.
Selalunya masalahnya ialah kelewatan.
Anda sudah tahu:

- Di mana terdapat kompromi.
- Di mana disiplin kurang.
- Di mana kesetiaan berpecah belah.
- Di mana taubat diperlukan.

Kebenaran telah pun mengganggu anda sebelum ini.
Persoalannya ialah:
Awak berlakon ke?
Gangguan adalah rahmat.
Tetapi belas kasihan itu harus dibalas.

Soalan Refleksi

1. Kebenaran apakah yang telah Tuhan tunjukkan kepada saya yang telah saya tangguhkan untuk bertindak?
2. Di manakah saya sedang menentang pembetulan pada masa ini?
3. Tabiat apa yang saya tahu mesti diubah tetapi belum ditangani?
4. Adakah saya bertindak balas dengan cepat terhadap keyakinan?
5. Adakah saya semakin mati rasa secara rohani?

Jawab dengan jujur.

Perisytiharan
Katakan dengan kuat:

"Aku tidak akan menentang kebenaran.
Aku tidak akan menangguhkan ketaatan. Apabila keyakinan datang, aku akan bertindak balas. Hatiku akan tetap lembut."
Ulanginya perlahan-lahan.

Doa Berstruktur (30–40 Minit)
1. Pengakuan (10 Minit)
Namakan bahagian-bahagian tertentu di mana anda menentang sabitan.
2. Pelembutan (10 Minit)
Mohonlah kepada Tuhan untuk menghilangkan kekerasan hati.
3. Ketaatan (10–15 Minit)
Berdoalah untuk keberanian bertindak segera apabila berhadapan.
Akhiri dengan:
"Hari ini saya memilih ketaatan daripada bertangguh."

Titik Tindakan
Hari ini anda akan:

1. Ambil satu tindakan yang telah anda tangguhkan secara rohani.
2. Mohon maaf jika anda telah menangguhkan taubat.
3. Buang satu kompromi berulang.
4. Berpuasalah satu hidangan sebagai tanda tindak balas.
5. Tuliskan satu bidang kepatuhan segera dan lengkapkannya hari ini.

HARI 6

Pemindahan Kesetiaan Hari Ini

Sauh Cerita

Selepas gangguan.
Selepas penentangan.
Selepas konfrontasi.
Selepas kebakaran.
Selepas bertahan hidup.
Tibalah satu saat yang tidak menggoncangnya secara luaran.
Ia menghancurkannya secara dalaman.
Dia menggambarkannya sebagai satu keadaan berkhayal.
Dia nampak Yesus.
Dia melihat neraka sekali lagi.
Dia melihat syurga sekali lagi.
Tetapi kali ini, sesuatu yang berbeza berlaku.
Dia tidak kembali tanpa sebarang perubahan.
Dia menyerah diri.
Pada tahun 1982, kesetiaan telah dipindahkan.
Dia tidak menambahkan Yesus ke dalam sistem kepercayaannya.
Dia tidak berunding tentang identiti.
Dia tidak mengubah Islam.
Dia memindahkan kesetiaan.
Itulah sebenarnya penukaran hati:
Pemindahan.

Sauh Kitab Suci
Perjanjian Lama
"Berapa lama lagi kamu akan bercabang pendapat? Jika TUHAN itu Allah, ikutilah Dia; tetapi jika Baal, ikutilah Dia."
— 1 Raja-Raja 18:21
Kesetiaan tidak boleh dibahagikan selama-lamanya.

Perjanjian Baru

"Sebab Ia telah melepaskan kita dari kuasa kegelapan dan membawa kita ke dalam Kerajaan Anak yang dikasihi-Nya."
— Kolose 1:13

Keselamatan adalah perpindahan.
Ia adalah pemindahan kuasa.

Pelajaran

Ramai orang percaya mengagumi Yesus.
Sedikit yang memindahkan kesetiaan.
Kekaguman berkata:
"Saya setuju."
Pemindahan berkata:
"Saya tergolong."
Pemindahan bermaksud:

- Kristus mengatasi ketakutan.
- Kristus mengatasi suku kaum.
- Kristus mengatasi identiti masa lalu.
- Kristus mengatasi ideologi.
- Kristus mengatasi kelangsungan hidup.

Sehingga kesetiaan berpindah,
pembentukan akan kekal berpecah belah.
Kamu tidak boleh mengabdi kepada dua tuan.
Kamu tidak boleh kekal dalam dua kerajaan.
Ada hari apabila keputusan menjadi muktamad.

Soalan Refleksi

1. Adakah saya benar-benar telah memindahkan kesetiaan, atau adakah saya berpecah belah secara rohani?
2. Apakah kesetiaan yang bersaing yang masih mengawal saya?
3. Adakah saya takut kehilangan sesuatu jika saya masuk sepenuhnya?
4. Apakah kerugian yang akan saya tanggung akibat penyerahan diri sepenuhnya?

5. Jika hari ini hari perpindahan saya, apa yang akan berubah serta-merta?

Menulis tanpa persembahan rohani.

Perisytiharan

Berdiri secara fizikal.

Katakan dengan kuat:

"Aku menyerahkan sepenuhnya kesetiaanku kepada Yesus Kristus.

Dia adalah Tuhan atas identitiku, masa laluku, masa depanku.

Aku meninggalkan kesetiaan yang berbelah bahagi. Aku milik Kristus."

Ulanginya perlahan-lahan dan dengan sengaja.

Doa Berstruktur (40 Minit)

1. Ibadah (10 Minit)

Isytiharkan bahawa Kristus berkuasa atas setiap aspek kehidupan anda.

2. Penolakan (10 Minit)

Meninggalkan kesetiaan yang bersaing secara lisan.

3. Menyerah Diri (10 Minit)

Tawarkan identiti, reputasi dan masa depan anda.

4. Perjanjian (10 Minit)

Meterai kesetiaan anda dalam komitmen lisan.

Akhiri dengan:

"Kesetiaan saya telah ditetapkan."

Titik Tindakan

Hari ini anda akan:

1. Tulis perjanjian kesetiaan satu halaman dan tandatanganinya.
2. Musnahkan atau singkirkan satu objek atau tabiat yang terikat dengan kesetiaan yang berpecah belah.
3. Perkenalkan diri anda secara terbuka sebagai pengikut Kristus dengan satu cara yang jelas.

4. Berpuasalah satu kali makan sebagai tindakan menyerah diri secara fizikal.
5. Hafalkan Kolose 1:13.

HARI 7

Apabila Kesetiaan Menarik Tentangan

Sauh Cerita

Penyerahan diri tidak membawa ketenangan.
Ia membawa konfrontasi.
Selepas kesetiaan dipindahkan, penentangan semakin meningkat.
Dia menjadi sasaran.
Sistem yang sama yang pernah dipertahankannya kini menandakan dia akan disingkirkan.
Peluru-peluru dilepaskan.
Racun telah diberikan.
Pengejaran menyusul pengakuan.
Penukaran agama bukanlah pelarian daripada konflik.
Ia adalah pintu masuk ke pintu masuk yang berbeza.
Kesetiaan mendedahkan anda.

Sauh Kitab Suci
Perjanjian Lama
"Kemudian Saul menjadi sangat marah… dan sejak hari itu Saul mengawasi Daud."
— 1 Samuel 18:8–9
Apabila sokongan beralih, pembangkang akan memerhati.
Perjanjian Baru
"Jika dunia membenci kamu, ingatlah bahawa ia telah lebih dahulu membenci Aku."
— Yohanes 15:18
Pembangkangan bukanlah bukti kegagalan.
Ia adalah bukti penjajaran.

Pelajaran

Ramai orang yang beriman mengharapkan keamanan sejurus selepas menyerah kalah.
Tetapi kesetiaan menyusun semula kesetiaan.
Dan kesetiaan yang disusun semula menimbulkan reaksi.
Pembangkang mungkin tidak kelihatan seperti tembakan.
Ia mungkin kelihatan seperti:

- Pengasingan.
- Penolakan halus.
- Kehilangan peluang.
- Syak wasangka.
- Kerosakan reputasi.

Jika anda mengukur kesetiaan dengan keselesaan,
anda akan berundur.
Jika engkau mengukur kesetiaan dengan ketaatan,
engkau akan bertahan.
Pembangkang menjelaskan identiti.

Soalan Refleksi

1. Apakah yang berubah dalam hidup saya selepas saya menjadi serius tentang Kristus?
2. Di manakah saya telah tersilap menganggap tentangan sebagai kegagalan?
3. Adakah saya berundur apabila saya merasakan tentangan?
4. Apakah bentuk tentangan yang paling menakutkan saya?
5. Adakah saya terkejut apabila kepatuhan memerlukan sesuatu?

Tulis dengan tepat.

Perisytiharan

Katakan dengan kuat:
"Aku tidak akan berundur di bawah tentangan.
Perlawanan akan menghalusi aku, bukan menyingkirkan aku.

Kesetiaanku tidak bergantung pada keselesaan. Aku berdiri teguh."
Ulanginya dengan kekuatan.

Doa Berstruktur (35 Minit)
1. Ibadah (10 Minit)
Akui Kristus sebagai Tuhan atas pertempuran anda.
2. Kekuatan (10 Minit)
Berdoalah untuk daya tahan di bawah tentangan.
3. Perlindungan (10 Minit)
Mohon perlindungan ilahi atas hidup dan keluarga anda.
4. Ketabahan (5 Minit)
Komited terhadap daya tahan tanpa mengira hasilnya.
Tutup dengan:
"Saya tetap teguh."

Titik Tindakan
Hari ini anda akan:

1. Kenal pasti satu bidang di mana tentangan membuatkan anda teragak-agak.
2. Libatkan semula kawasan itu dengan berani.
3. Galakkan seseorang yang menghadapi tentangan.
4. Bacalah 1 Samuel 18 perlahan-lahan.
5. Tolak satu keputusan berasaskan ketakutan.

HARI 8

Dipelihara di bawah Kebakaran

Sauh Cerita

Selepas menyerah kalah, serangan semakin memuncak.
Peluru-peluru memasuki badannya.
Logam terkena kepalanya.
Darah mengalir.
Dia dianggap sudah mati.
Racun telah diberikan.
Pengejaran semakin dipergiatkan.
Sembilan percubaan telah dibuat.
Namun begitu, dia tetap hidup.
Pemeliharaan bukanlah penafian bahaya.
Ia adalah gangguan kemusnahan.
Ada musim-musim apabila kelangsungan hidup itu sendiri menjadi kesaksian.
Persoalannya bukan sahaja:
"Kenapa saya diserang?"
Tetapi juga:
"Kenapa saya masih di sini?"

Sauh Kitab Suci
Perjanjian Lama
"Banyaklah kesusahan orang benar, tetapi TUHAN melepaskan dia dari semuanya itu."
— Mazmur 34:19
Kesusahan tidak menafikan kebenaran.
Pembebasan mengesahkan tujuan.
Perjanjian Baru
"Kami ditindas dalam segala hal, namun tidak terjepit; kami bingung, namun tidak putus asa; kami dianiaya, namun tidak ditinggalkan sendirian; kami dihempaskan, namun tidak

binasa."
— 2 Korintus 4:8–9
Dihempas tidak sama dengan dimusnahkan.

Pelajaran
Sesetengah orang terselamat daripada perkara yang sepatutnya menamatkan mereka.
Kemalangan.
Serangan. Penyakit. Keruntuhan kewangan. Kerosakan mental.
Awak masih di sini.
Pemeliharaan adalah tanggungjawab.
Jika Tuhan memeliharamu,
Dia memeliharamu untuk sesuatu.
Hidup tanpa tujuan menjadi sia-sia.
Kelangsungan hidup dengan tujuan menjadi misi.
Anda mesti memutuskan yang mana satukah kehidupan anda akan menjadi.

Soalan Refleksi
1. Apa yang telah aku lalui yang jarang aku akui?
2. Adakah saya melayan pemeliharaan secara sambil lewa?
3. Apa tujuan Tuhan melindungi saya?
4. Adakah saya telah hidup dengan sengaja sejak saya dipelihara?
5. Apa yang akan berubah jika saya percaya bahawa kelangsungan hidup saya adalah tugasan?

Tulis peristiwa tertentu.

Perisytiharan
Berdiri dan mengisytiharkan:
"Aku dipelihara untuk tujuan.
Apa yang sepatutnya memusnahkanku tidak. Aku tidak akan mensia-siakan kelangsungan hidupku. Hidupku membawa tugasan."
Ulanginya dengan sengaja.

Doa Berstruktur (35–40 Minit)

1. Kesyukuran (10 Minit)

Bersyukur kepada Tuhan atas saat-saat tertentu yang terpelihara.

2. Taubat (10 Minit)

Akui di mana anda telah mensia-siakan kelangsungan hidup.

3. Penjajaran (10–15 Minit)

Mintalah kejelasan dan keberanian untuk berjalan dengan tujuan.

4. Komitmen (5 Minit)

Serahkan kembali hidup anda yang terpelihara kepada Tuhan.
Tutup dengan:
"Saya hidup dengan sengaja."

Titik Tindakan

Hari ini anda akan:

1. Tuliskan tiga momen pemeliharaan dalam hidup anda.
2. Kongsikan satu testimoni dengan seseorang.
3. Buang satu tabiat yang menghina anugerah untuk terus hidup.
4. Doakan Mazmur 34 dengan kuat.
5. Ambil satu langkah ke arah ketaatan yang bertujuan.

HARI 9

Kesetiaan Tanpa Pengumuman

Sauh Cerita

Selepas menyerah diri, jarak penglihatan menjadi berbahaya.
Bukan sahaja untuknya —
tetapi untuk orang di sekelilingnya.
Dia menggambarkan kehidupan "di antara".
Bekas sekutu menandakannya sebagai pengkhianat.
Penganut baru memerhatikannya dengan berhati-hati.
Bergaul dengannya boleh membawa serangan.
Dia tidak dapat bergerak dengan kuat.
Dia terpaksa bergerak dengan bijak.
Dalam banyak persekitaran yang tidak bersahabat, sesetengah mualaf tidak segera berpindah.
Mereka kekal di dalam keluarga mereka.
Di dalam komuniti mereka. Kadangkala malah di dalam struktur masjid secara luaran.
Tetapi secara dalaman, kesetiaan telah berubah.
Pemuridan tersembunyi bukanlah penafian.
Ia adalah strategi.
Bukan setiap musim membenarkan pengisytiharan awam tanpa akibat.
Kebijaksanaan bukanlah pengecut.
Ia adalah pengawasan.

Sauh Kitab Suci
Perjanjian Lama

"Naaman berkata... apabila tuanku masuk ke kuil Rimon untuk beribadat di sana... semoga TUHAN mengampuni hambamu ini dalam perkara ini."
— 2 Raja-Raja 5:18
Kesetiaan berubah sebelum persekitaran berubah.

Perjanjian Baru

"Adalah seorang Farisi bernama Nikodemus... yang datang kepada Yesus pada waktu malam."
— Yohanes 3:1–2
Sesetengah pengikut bermula secara rahsia sebelum berdiri di khalayak ramai.

Pelajaran

Kesetiaan tidak selalunya kelihatan dramatik.
Ada masanya kebijaksanaan memerlukan kebijaksanaan.
Matlamatnya bukanlah keterlihatan.
Matlamatnya adalah kesetiaan.
Sesetengah orang percaya mengelirukan bunyi bising dengan keberanian.
Ada pula yang keliru antara berdiam diri dengan berkompromi.
Perbezaannya adalah motif.
Adakah anda diam kerana takut —
atau kepatuhan strategik?
Adakah anda tersembunyi untuk mengelakkan penderitaan —
atau untuk mengekalkan tugasan?
Tuhan kadangkala bekerja di bawah tanah sebelum membawamu ke atas tanah.

Soalan Refleksi

1. Adakah saya menyembunyikan kepercayaan saya kerana takut — atau mengamalkan kebijaksanaan?
2. Di manakah saya perlu lebih berani?
3. Di manakah saya perlu lebih strategik?
4. Adakah saya tersilap menganggap diam sebagai kompromi?

5. Adakah kesetiaan dalaman saya teguh walaupun tidak kelihatan?

Jawab dengan teliti.

Perisytiharan

Katakan dengan kuat:

"Kesetiaanku teguh, sama ada yang dilihat atau tidak kelihatan.

Aku akan bertindak dengan kebijaksanaan. Aku tidak akan menyangkal Kristus. Aku tidak akan bertindak bodoh.

Kesetiaanku telah ditetapkan."

Ulanginya dengan sengaja.

Doa Berstruktur (35 Minit)

1. Ibadah (10 Minit)

Hormatilah Kristus sebagai Tuhan atas kehidupan awam dan peribadi anda.

2. Kebijaksanaan (10 Minit)

Mintalah kebijaksanaan untuk mengetahui bila hendak bercakap dan bila hendak menunggu.

3. Keberanian (10 Minit)

Berdoalah untuk keberanian apabila tiba masanya untuk menjadi lebih dikenali.

4. Perlindungan (5 Minit)

Dedikasikan diri anda dan orang lain kepada perlindungan ilahi.

Tutup dengan:

"Jadikan aku bijaksana dan setia."

Titik Tindakan

Hari ini anda akan:

1. Kenal pasti satu bahagian di mana anda memerlukan keberanian.
2. Kenal pasti satu bahagian di mana anda memerlukan kawalan diri.
3. Berdoalah dengan sengaja untuk orang percaya di kawasan yang bermusuhan.

4. Bacalah 2 Raja-raja 5 dan Yohanes 3 perlahan-lahan.
5. Pilihlah ketaatan daripada dorongan hati.

HARI 10

Apabila Kemunafikan Membuat Anda Ingin Berpatah Balik

Sauh Cerita

Penganiayaan tidak hampir menghancurkannya.
Peluru tidak.
Racun tidak.
Hipokrasi hampir berlaku.
Selepas menyerah kalah.
Selepas terselamat. Selepas pelayanan bermula.
Dia memasuki ruang-ruang Kristian.
Dia mengharapkan disiplin.
Dia mengharapkan integriti. Dia mengharapkan amalan yang sejajar dengan dakwah.
Sebaliknya, dia melihat ketidakkonsistenan.
Dia melihat para pemimpin berkhutbah tentang apa yang tidak mereka jalani.
Dia melihat prestasi rohani tanpa substansi. Dia melihat standard berganda.
Dia telah berkata dengan jelas: ada satu musim apabila dia hampir kembali kepada Islam — bukan kerana Islam meyakinkannya semula, tetapi kerana kemunafikan dalam agama Kristian membuatnya jijik.
Tekanan itu bukan datang dari luar.
Ia datang dari dalam.
Itu lebih berbahaya.

Sauh Kitab Suci
Perjanjian Lama

"Celakalah gembala-gembala yang memusnahkan dan mencerai-beraikan domba-domba gembala-Ku!"
— Yeremia 23:1
Kegagalan kepimpinan merosakkan iman.

Perjanjian Baru
"Celakalah kamu, hai ahli-ahli Taurat dan orang-orang Farisi, hai orang-orang munafik!"
— Matius 23:27
Kemunafikan itu merosakkan kerohanian.

Pelajaran

Ramai orang percaya dapat bertahan dalam penganiayaan.
Jarang yang dapat bertahan daripada kekecewaan.
Tentangan luar menguatkan tekad.
Kemunafikan dalaman melemahkan kepercayaan.
Jika anda membina kepercayaan anda kepada orang lain, orang lain akan mengganggu kestabilan anda.
Jika anda membina iman anda di atas Kristus, orang ramai tidak akan dapat mencabut anda.
Kegagalan orang lain tidak membatalkan kebenaran.
Ketidakkonsistenan para pemimpin tidak membatalkan Kristus.
Anda mesti membuat keputusan:
Adakah kemunafikan akan menjadi alasan anda — atau kehalusan anda?

Soalan Refleksi

1. Adakah ketidakkonsistenan seseorang telah melemahkan iman saya?
2. Adakah saya secara rahsia mewajarkan kompromi saya sendiri kerana orang lain?
3. Adakah kesetiaan saya kepada Kristus — atau kepada manusia?
4. Di manakah saya tergoda untuk menarik diri kerana kekecewaan?
5. Adakah saya menyumbang kepada kemunafikan yang saya kritik?

Jawab tanpa sikap defensif.

Perisytiharan
Katakan dengan kuat:
"Iman saya berlabuh pada Kristus, bukan manusia.
Kegagalan orang lain tidak akan menentukan ketaatan saya.
Saya menolak kemunafikan dalam hidup saya sendiri.
Saya tetap setia."
Ulanginya perlahan-lahan.

Doa Berstruktur (40 Minit)
1. Ibadah (10 Minit)
Pusatkan iman anda hanya kepada Kristus.
2. Lepaskan (10 Minit)
Maafkan mereka yang ketidakkonsistenannya telah menyakiti anda.
3. Pemurnian (10–15 Minit)
Mohonlah kepada Tuhan untuk menghapuskan kemunafikan dalam hidup anda sendiri.
4. Berazam (5 Minit)
Komited terhadap integriti peribadi.
Tutup dengan:
"Aku akan menjalani apa yang aku isytiharkan."

Titik Tindakan
Hari ini anda akan:
1. Maafkan seseorang yang ketidakkonsistenannya telah melukaimu.
2. Kenal pasti satu bidang di mana amalan anda mesti sepadan dengan khutbah anda.
3. Bacalah Matius 23 dengan teliti.
4. Buang satu standard berganda dalam hidup anda.
5. Kuatkan pengabdian peribadi anda — yang tidak dilihat oleh orang lain.

HARI 11

"Kita Telah Terlalu Jauh"

Sauh Cerita

Ada sesaat selepas keinsafannya.
Selepas pelayanan bermula.
Selepas berkhutbah. Selepas buah yang kelihatan.
Kekecewaan mula muncul.
Dia melihat kemunafikan.
Dia melihat ketidakkonsistenan. Dia melihat piawaian rohani berganda.
Dan secara dalaman, dia membuat keputusan.
Dia akan kembali.
Dia sudah bertekad di dalam hatinya bahawa mesej yang bakal disampaikannya itu adalah yang terakhir.
Selepas itu, dia akan kembali kepada Islam.
Dia telah membuat kesimpulan bahawa apa yang ditinggalkannya sekurang-kurangnya telah dikenakan tindakan disiplin.
Apa yang dimasukinya terasa dikompromikan.
Kemudian, dia membuka pintu bilik hotelnya.
Dan dia berkata Yesus berdiri di sana.
Dia menggambarkan jatuh di bawah kuasa.
Dan dia menceritakan semula kata-kata itu dengan jelas:
"Kita sudah pergi terlalu jauh. Sudah terlambat untuk berpatah balik."
Saat itu bukanlah tentang keselamatan.
Ia adalah tentang ketabahan.
Bukan tentang penukaran.
Tentang komitmen.
Ada kalanya undur terasa logik.
Dan syurga mengganggu.

Sauh Kitab Suci

Perjanjian Lama

"Ingatlah isteri Lot."

— Lukas 17:32 (merujuk Kejadian 19)

Menoleh ke belakang boleh memusnahkan takdir.

Perjanjian Baru

"Setiap orang yang siap membajak tetapi menoleh ke belakang, tidak layak untuk berkhidmat dalam Kerajaan Allah."

— Lukas 9:62

Kemajuan memerlukan keengganan untuk berundur.

Pelajaran

Percutian rohani jarang sekali bermula secara terbuka.

Ia bermula secara tertutup.

Anda membuat keputusan secara dalaman sebelum anda mengumumkan secara luaran.

Kekecewaan itu kuat.

Begitu juga kekecewaan.

Tetapi penarikan diri adalah berbahaya.

Anda tidak boleh meninggalkan agama secara fizikal.

Tetapi kamu boleh berundur dengan intensiti.

Dalam disiplin. Dalam pengabdian. Dalam kesungguhan.

Ada saat-saat apabila Tuhan mesti berhadapan dengan keputusan anda untuk hanyut.

Dan apabila Dia berbuat demikian, kamu mesti bertindak balas.

Ada satu tahap di mana untuk berpatah balik bukan lagi satu pilihan.

Kerana kebenaran telah terbongkar.

Kerana penyerahan diri telah diisytiharkan.

Kerana kesetiaan telah dipindahkan.

Anda tidak boleh tidak tahu apa yang anda tahu.

Anda tidak boleh melihat apa yang telah anda lihat.

Soalan Refleksi

1. Di manakah saya telah mempertimbangkan untuk berundur secara rohani?
2. Kekecewaan apakah yang mencetuskan pemikiran itu?
3. Adakah saya telah mengurangkan disiplin saya secara senyap-senyap?
4. Apakah aspek ketaatan yang ingin saya ubah?
5. Jika Yesus berdiri di hadapan saya hari ini, apakah yang akan Dia hadapi?

Jawab dengan jujur.

Perisytiharan

Berdiri dan isytiharkan:
"Sudah terlambat untuk aku berpatah balik.
Kesetiaanku telah ditetapkan. Kekecewaan tidak akan membatalkan perjanjianku. Aku akan menyelesaikan apa yang telah kumulasikan."
Ulanginya dengan tegas.

Doa Berstruktur (40 Minit)

1. Ibadah (10 Minit)

Akui Kristus sebagai Tuhan atas masa lalu dan masa depan anda.

2. Taubat (10 Minit)

Akui sebarang keputusan dalaman untuk hanyut.

3. Komitmen Semula (10–15 Minit)

Perbaharui perjanjian anda secara lisan.

4. Kekuatan (5–10 Minit)

Berdoalah untuk ketabahan di bawah kekecewaan.
Tutup dengan:
"Saya selesai dengan baik."

Titik Tindakan

Hari ini anda akan:

1. Kenal pasti satu kawasan di mana anda telah hanyut secara senyap-senyap.
2. Pulihkan disiplin itu dengan segera.
3. Singkirkan satu pengaruh yang mencetuskan rasa putus asa.
4. Baca Lukas 9:57–62 perlahan-lahan.
5. Ucapkan kesetiaan anda dengan kuat sekali lagi sebelum tidur.

HARI 12

Ambil Pos Anda

Sauh Cerita

Ada seorang bapa.
Berstruktur.
Berdisiplin. Serius. Tidak berkompromi.
Ada seorang ibu.
Bertaubat.
Tenang. Bertahan. Teguh dalam ketegangan.
Ada seorang abang.
Disabitkan kesalahan.
Awam. Disasarkan. Dipelihara.
Di situlah Isa.
Militan.
Diganggu. Dihadapkan. Dipindahkan.
Cerita ini bukan tentang seorang lelaki sahaja.
Ia mengenai jawatan.
Setiap orang berdiri di suatu tempat.
Bapa berdiri teguh untuk ketenteraman — walaupun perintah itu salah.
Ibu berdiri teguh untuk sabitan — tanpa mengabaikan tanggungjawab. Abang berdiri di khalayak ramai — dan menghadapi hukuman gantung.
Isa berdiri dalam militansi — kemudian menyerah diri.
Keluarga itu berpecah belah — tetapi masih berhubung kait.
Semua orang ada jawatan.
Tiada siapa yang berkecuali.
Persoalannya bukanlah sama ada anda mempunyai pengaruh.
Persoalannya ialah sama ada anda berdiri di tempat yang ditetapkan.

Sauh Kitab Suci

Perjanjian Lama

"Aku mencari seseorang di antara mereka yang akan membina tembok dan berdiri di hadapan-Ku di celah itu untuk kepentingan negeri itu..."
— Yehezkiel 22:30

Tuhan mencari orang yang sanggup berdiri.

Perjanjian Baru

" Sebab itu, ambillah seluruh perlengkapan senjata Allah, supaya kamu dapat mengadakan perlawanan pada hari yang jahat itu, dan tetap berdiri, setelah kamu menyelesaikan segala sesuatu."
— Efesus 6:13

Arahannya mudah:
Berdiri.

Pelajaran

Dalam setiap persekitaran — keluarga, tempat kerja, gereja, negara — terdapat jawatan.
Ada yang membina.
Ada yang bertahan. Ada yang berhadapan. Ada yang memelihara.
Si bapa percaya dia melindungi kebenaran.
Si ibu percaya dia memelihara kebenaran. Si abang memilih untuk mengisytiharkan kebenaran. Isa terpaksa memutuskan jawatan mana yang hendak disandang.
Berdiri itu mahal.
Tetapi hanyut itu merosakkan.
Jika pengawal meninggalkan jawatan mereka,
sistem akan runtuh.
Jika ibu bapa meninggalkan jawatan mereka,
rumah tangga akan menjadi lemah.
Jika orang yang beriman meninggalkan jawatan mereka,
kompromi akan merebak.
Mandat Watchman bukan hanya untuk para pendakwah sahaja.
Ia adalah untuk setiap orang yang beriman.
Anda ada catatan.

Adakah anda telah mengenal pastinya?

Soalan Refleksi

1. Apakah jawatan saya sekarang — dalam keluarga, gereja, tempat kerja?
2. Adakah aku berdiri dengan setia dalam posisi itu?
3. Di manakah saya telah meninggalkan catatan saya secara emosi atau rohani?
4. Jika saya hilang dari jawatan saya, apa yang akan menjadi lemah?
5. Apakah tekanan yang perlu saya tanggung untuk kekal di tempat Tuhan meletakkan saya?

Jawab dengan teliti.

Perisytiharan

Berdiri dan isytiharkan:
"Aku tidak akan meninggalkan jawatanku.
Aku akan berdiri di tempat yang telah Tuhan tempatkan untukku. Aku tidak akan hanyut di bawah tekanan. Aku akan melaksanakan tugasanku dengan setia."
Ulanginya dengan sengaja.

Doa Berstruktur (40 Minit)

1. Ibadah (10 Minit)
Hormatilah Tuhan sebagai Tuhan yang menetapkan jawatan.
2. Penjajaran (10 Minit)
Minta penjelasan tentang catatan anda.
3. Kekuatan (10–15 Minit)
Berdoalah agar daya tahan kekal di tempat anda dipanggil.
4. Syafaat (5 Minit)
Berdoalah untuk ahli keluarga anda — orang yang beriman dan tidak beriman.
Tutup dengan:
"Jadikan aku penjaga yang setia."

Titik Tindakan

Hari ini anda akan:

1. Tuliskan sfera tanggungjawab utama anda.
2. Kenal pasti satu bidang di mana anda mesti memperkukuhkan disiplin.
3. Adakan satu perbualan yang disengajakan dalam keluarga anda tentang bimbingan rohani.
4. Berdoalah secara khusus untuk ahli keluarga yang berpecah belah.
5. Tolak satu tindakan yang melemahkan pengaruh anda.

HARI 13

Makan di Meja yang Sama

Sauh Cerita

Tidak semua keluarga itu memeluk agama Kristian.
Ada yang kekal beragama Islam.
Ada yang menjadi Kristian.
Rumah yang dahulunya berkongsi satu rentak keagamaan kini mempunyai dua rentak keagamaan.
Namun begitu—
Mereka masih makan bersama.
Perincian ini sangat berkuasa.
Keyakinan berubah.
Kesetiaan beralih. Kepercayaan berpecah belah.
Tetapi hubungan itu tidak runtuh sepenuhnya.
Dalam banyak persekitaran, penukaran menghasilkan keretakan kekal.
Dalam kes ini, ketegangan wujud — tetapi hubungan itu terselamat.
Inilah kematangan.
Kesetiaan berubah.
Tetapi kebencian tidak menguasai.
Iman tidak menjadi kekejaman.
Kebenaran tidak menjadi permusuhan.
Mereka berkongsi makanan.
Dan makanan penting.
Jadual mewakili hubungan.
Akses. Perbualan. Maruah manusia.
Anda boleh berbeza pendapat secara mendalam — dan masih melayan seseorang dengan hormat.

Sauh Kitab Suci
Perjanjian Lama

"Jika mungkin, selagi kamu mampu, hiduplah secara damai dengan semua orang."
— (Prinsip tercermin di seluruh Amsal; berlabuh dalam tradisi kebijaksanaan PL)
Kedamaian bukanlah penyerahan diri.
Ia adalah disiplin.

Perjanjian Baru

"Jika mungkin, sejauh yang bergantung padamu, hiduplah dalam perdamaian dengan semua orang."
— Roma 12:18
Bukan kompromi.
Keamanan.

Pelajaran

Sesetengah orang percaya mengelirukan pemisahan dengan kesucian.
Ada pula yang keliru antara kompromi dengan perdamaian.
Tetapi ada cara ketiga:
Keyakinan tanpa permusuhan.
Anda boleh:

- Pegang teguh kebenaran.
- Menolak kompromi.
- Kekal dalam hubungan.
- Tunjukkan maruah.
- Kekalkan sempadan.

Jadual itu bukan pengesahan.
Ia adalah kemanusiaan.
Jika Kristus makan bersama orang berdosa tanpa menyetujui dosa,
anda boleh duduk di meja tanpa melepaskan keyakinan.
Rumah tangga yang berpecah belah memerlukan kematangan rohani.
Anda mungkin tidak mengubah semua orang.
Tetapi anda boleh menentukan bagaimana anda berkelakuan.

Soalan Refleksi

1. Adakah saya telah keliru antara keyakinan dengan pencerobohan?
2. Adakah saya menarik diri daripada hubungan tanpa sebab?
3. Di manakah saya memerlukan sempadan yang lebih sihat?
4. Bolehkah aku berpegang teguh pada kebenaran tanpa permusuhan?
5. Adakah terdapat seseorang yang perlu saya hubungi semula secara hubungan?

Jawab dengan jujur.

Perisytiharan

Katakan dengan kuat:

"Keyakinan saya tidak akan menghasilkan kebencian.
Saya akan berdiri teguh tanpa menjadi bermusuhan. Saya akan melayan orang lain dengan bermaruah. Kebenaran dan kasih sayang akan wujud bersama dalam hidup saya."

Ulanginya perlahan-lahan.

Doa Berstruktur (35 Minit)

1. Ibadah (10 Minit)

Hormatilah Kristus sebagai Raja Damai.

2. Syafaat (10 Minit)

Berdoalah untuk ahli keluarga yang berpecah belah.

3. Kebijaksanaan (10 Minit)

Mintalah kematangan dalam menangani ketegangan.

4. Perlindungan (5 Minit)

Berdoalah untuk perpaduan tanpa kompromi.

Tutup dengan:

"Ajarlah aku untuk berdiri dan mencintai."

Titik Tindakan

Hari ini anda akan:

1. Hubungi seseorang yang anda tidak bersetuju dengan anda dengan penuh hormat.
2. Elakkan satu hujah yang tidak perlu.
3. Berlatih mendengar sebelum memberi respons.
4. Doakan Roma 12 dengan kuat.
5. Pilihlah kedamaian jika boleh.

HARI 14

Apabila Kewibawaan Tidak Mempunyai Wahyu

Sauh Cerita

Ada seorang bapa.
Berstruktur.
Berdisiplin. Serius tentang kepercayaan.
Dia tidak membesarkan anak-anak yang sambil lewa.
Dia membesarkan anak-anak yang berdisiplin.
Solat dikuatkuasakan.
Rutin keagamaan adalah konsisten. Ketertiban dihormati.
Dia percaya dia melindungi kebenaran.
Dia percaya dia menjaga rumah tangganya. Dia percaya dia memelihara legasi.
Apabila keinsafan memasuki rumah itu, dia bertindak balas dengan kuat.
Baginya, itu adalah pengkhianatan.
Baginya, itu adalah penghinaan. Baginya, itu adalah pemberontakan.
Pedang yang diangkat di rumah itu bukan sekadar kemarahan.
Ia adalah keyakinan tanpa wahyu.
Dia mempunyai struktur.
Tetapi dia kekurangan cahaya.

Dia mempunyai autoriti.
Tetapi dia kekurangan transformasi.
Dan autoriti tanpa wahyu boleh menjadi berbahaya.

Sauh Kitab Suci
Perjanjian Lama
"Ada jalan yang disangka lurus oleh manusia, tetapi akhirnya menuju maut."
— Amsal 14:12
Keikhlasan tidak sama dengan kebenaran.
Perjanjian Baru
"Kerana aku memberi kesaksian kepada mereka, bahawa mereka bersemangat untuk Tuhan, tetapi bukan berdasarkan pengetahuan yang benar."
— Roma 10:2
Semangat tanpa wahyu menyesatkan kekuatan.

Pelajaran
Hari ini bukan tentang mengutuk bapa.
Ia adalah tentang memahami pengaruh.
Bapa dalam cerita itu tidak pasif.
Dia serius.
Tetapi kesungguhan tanpa pendedahan boleh merosakkan.
Struktur itu berkuasa.
Disiplin membentuk identiti.
Autoriti membentuk minda.
Tetapi jika asasnya salah,
pembentukan menjadi merosakkan.
Bapa membentuk trajektori.
Pemimpin membentuk hala tuju.
Mereka yang berkuasa mesti memeriksa:
Adakah keyakinan saya berakar umbi dalam wahyu —
atau tradisi yang diwarisi?
Adakah autoriti saya membina kehidupan —
atau mempertahankan ego?
Adakah disiplin saya menghasilkan kebenaran —
atau ketakutan?

Pihak berkuasa tidak berkecuali.
Ia melipatgandakan apa yang dibawanya.

Soalan Refleksi

1. Di manakah saya memegang autoriti dalam kehidupan seseorang?
2. Adakah kepimpinan saya berlandaskan kebenaran atau keangkuhan?
3. Adakah saya lebih mempertahankan tradisi daripada wahyu?
4. Adakah disiplin saya membina kasih sayang atau intimidasi?
5. Kepercayaan apa yang tidak pernah saya kaji secara mendalam?

Jawab tanpa sikap defensif.

Perisytiharan

Katakan dengan kuat:
"Aku akan mencari wahyu, bukan sekadar tradisi. Kewibawaanku akan mencerminkan kebenaran. Disiplinku akan menghasilkan kehidupan. Aku menolak semangat buta. Aku mengejar cahaya."
Ulanginya dengan sengaja.

Doa Berstruktur (40 Minit)

1. Ibadah (10 Minit)
Hormatilah Tuhan sebagai kuasa tertinggi.
2. Taubat (10 Minit)
Mengaku keangkuhan atau tradisi yang tidak diteliti.
3. Pencerahan (10–15 Minit)
Mintalah wahyu dan pemahaman.
4. Penjajaran Semula (5–10 Minit)
Dedikasikan pengaruh anda kepada kebenaran Tuhan.
Tutup dengan:
"Biarlah kepimpinan saya berakar umbi dalam cahaya."

Titik Tindakan

Hari ini anda akan:

1. Teliti satu kepercayaan yang anda warisi tanpa sebarang persoalan.
2. Pelajari satu ayat suci dengan mendalam dan bukannya bergantung pada andaian.
3. Mohon maaf jika pihak berkuasa anda telah melukai seseorang.
4. Doakan para bapa dan pemimpin.
5. Bertekad untuk memimpin dengan kebenaran dan kerendahan hati.

HARI 15

Kekuatan Keyakinan Senyap

Sauh Cerita

Dia adalah orang pertama yang memeluk agama Islam.
Bukan anak-anak lelakinya.
Bukan pendakwah awam.
Dia.
Di dalam rumah tangga Islam yang tersusun.
Di bawah suami yang berdisiplin. Dalam persekitaran keagamaan yang tidak bertolak ansur dengan penyimpangan.
Dia tidak meninggalkan perkahwinan itu.
Dia tidak meninggalkan rumah tangga. Dia tidak membalas dendam.
Dia kekal.
Dia berdoa.
Dia bertahan. Dia menyerap ketegangan.
Keinsafannya tidaklah kuat.
Ia dihayati.
Anak-anak lelakinya memerhati.
Suaminya bertindak balas. Rumah tangga itu berubah.
Tetapi dia berdiri.
Sejarah sering mengetengahkan pendakwah yang kelihatan.
Tetapi syurga sering menandakan pemberi syafaat yang tersembunyi.
Sebelum penyerahan diri secara terbuka,
terdapat doa peribadi.

Sauh Kitab Suci

Perjanjian Lama
"Hana berkata-kata dalam hatinya; hanya bibirnya bergerak-gerak, tetapi suaranya tidak kedengaran."
— 1 Samuel 1:13
Doa dalam diam boleh mengubah generasi.
Perjanjian Baru
"Doa orang yang benar, jika didoakan dengan sungguh-sungguh, sangat besar kuasanya."
— Yakobus 5:16
Syafaat menggerakkan realiti yang tidak kelihatan.

Pelajaran
Tidak semua kekuatan itu kuat.
Sebahagian daripada gerakan rohani yang paling ampuh bermula dengan seseorang yang enggan meninggalkan solat.
Ibunya tidak membahaskan teologi setiap hari.
Dia menjelmakan keyakinan.
Dia tidak memaksa transformasi.
Dia memikulnya.
Kuasanya adalah konsistensi.
Ramai orang percaya mahukan pengaruh yang ketara.
Hanya sedikit yang sanggup menanggung ketabahan dalam diam.
Doa bukanlah kelemahan.
Ia adalah peperangan.
Daya tahan bukanlah kepasifan.
Ia adalah kekuatan di bawah kekangan.
Jika dia bertindak balas secara agresif,
rumah itu mungkin telah retak secara kekal.
Sebaliknya, dia bertahan secara strategik.

Soalan Refleksi

1. Di manakah Tuhan memanggil aku untuk bertahan dan bukannya melarikan diri?
2. Adakah kehidupan doa saya konsisten atau reaktif?
3. Adakah saya meninggalkan persekitaran yang sukar terlalu cepat?

4. Adakah saya telah memandang rendah kuasa kesetiaan dalam diam?
5. Apakah impak generasi yang mungkin terhasil daripada konsistensi saya?

Jawab perlahan-lahan.

Perisytiharan

Katakan dengan kuat:

"Ketekalan saya membawa kuasa.

Doa saya tidak sia-sia. Saya akan bertahan tanpa kepahitan. Saya akan mempengaruhi tanpa kekerasan. Iman saya akan tetap teguh."

Ulanginya dengan tenang.

Doa Berstruktur (40 Minit)

1. Ibadah (10 Minit)

Muliakan Tuhan sebagai Tuhan yang melihat secara rahsia.

2. Syafaat (15 Minit)

Berdoalah untuk keluarga anda dan generasi akan datang.

3. Kekuatan (10 Minit)

Mintalah daya tahan di ruang yang sukar.

4. Menyerah Diri (5 Minit)

Lepaskan ketidaksabaran dan kekecewaan.

Tutup dengan:

"Kuatkan aku dalam kesetiaan yang tenang."

Titik Tindakan

Hari ini anda akan:

1. Luangkan 20 minit doa tanpa henti untuk keluarga anda.
2. Buang satu tabiat reaksioner di rumah anda.
3. Tuliskan nama orang yang akan anda doakan setiap hari.
4. Pilih satu tindakan kebaikan di dalam ketegangan.
5. Bertekad untuk melakukan syafaat secara konsisten selama 7 hari.

HARI 16

Apabila Sabitan Mengorbankan Anda Terlebih Dahulu

Sauh Cerita

Sebelum Isa menyerah diri secara terbuka, abang sulungnya telah pun melepasi batas.
Namanya disebut.
Pendiriannya jelas kelihatan. Keyakinannya tidak tersembunyi.
Apabila dia mengisytiharkan kepercayaannya, ketegangan meletup.
Reaksi itu bukan sahaja secara lisan.
Sebilah pedang diangkat.
Serangan itu bertujuan untuk membunuh.
Ini bukanlah kemarahan simbolik.
Ia adalah keseriusan tahap pelaksanaan.
Tetapi mogok itu tidak pernah berjaya.
Dia telah dipindahkan secara fizikal dari lokasi itu ke tempat berdekatan sebelum bilah itu dapat sampai kepadanya.
Dia kemudian memberi keterangan bahawa dia telah dipindahkan secara ghaib.
Detik itu mengubah segalanya.
Sabitan telah mencetuskan keganasan.
Pemeliharaan mendedahkan tujuan.
Dia tidak mati.
Dia tidak menarik balik kenyataannya.
Dia tidak berundur.
Bertahun-tahun kemudian, beliau akan berkhidmat dalam kepimpinan kementerian.
Yang hampir dibunuh kerana memeluk agama Kristian menjadi seorang gembala.

Sabitan pertama.
Kemudian ugutan. Kemudian pemeliharaan. Kemudian panggilan.

Sauh Kitab Suci
Perjanjian Lama
"Apabila mereka melemparkan dia ke dalam api... api itu tidak membahayakan tubuh mereka."
— Daniel 3:27
Pemeliharaan mengesahkan tugasan.
Perjanjian Baru
"Mereka memanggil kedua rasul itu dan melarang mereka sama sekali tidak berkata-kata… tetapi Petrus dan Yohanes menjawab, 'Kami tidak dapat tidak berkata-kata.'"
— Kisah Para Rasul 4:18–20
Keyakinan tetap bersuara walaupun di bawah ancaman.

Pelajaran
Seseorang dalam setiap keluarga adalah yang pertama.
Pertama berdiri.
Pertama bercakap. Pertama menyerap reaksi.
Yang pertama sering mengalami rintangan yang paling besar.
Tetapi mereka juga memecahkan halangan untuk orang lain.
Pendiriannya mendahului penyerahan diri Isa.
Pemeliharaannya menjadi saksi bisu.
Keberanian anda mungkin menyediakan jalan untuk transformasi orang lain.
Jika dia berundur,
ketakutan pasti akan bertambah.
Jika dia menarik balik kenyataannya,
pihak berkuasa akan menjadi lebih kuat menentang kebenaran.
Tetapi dia berdiri.
Keyakinan awam adalah mahal.
Tetapi ia bersifat pemangkin.

Soalan Refleksi

1. Adakah saya sanggup menjadi yang pertama dalam ketaatan?
2. Di manakah saya telah mengelak daripada keyakinan yang nyata?
3. Adakah diamku telah memperlahankan keberanian orang lain?
4. Ketakutan apa yang menghalang saya daripada berdiri di khalayak ramai?
5. Jika pemeliharaan mengikuti ketaatan, apakah yang mungkin dilindungi Tuhan dalam diri saya?

Jawab dengan jujur.

Perisytiharan

Katakan dengan kuat:
"Aku akan berdiri walaupun aku berdiri dahulu.
Aku tidak akan berundur di bawah ancaman. Ketaatanku menyediakan jalan untuk orang lain. Tuhan memelihara apa yang Dia tetapkan."
Ulanginya dengan tegas.

Doa Berstruktur (40 Minit)

1. Ibadah (10 Minit)
Hormatilah Tuhan sebagai Pelindung dan Penopang.
2. Keberanian (10–15 Minit)
Mintalah kekuatan untuk berdiri di khalayak ramai.
3. Perlindungan (10 Minit)
Berdoalah untuk perlindungan ilahi atas ketaatan yang kelihatan.
4. Syafaat (5 Minit)
Berdoalah untuk seseorang yang memerlukan keberanian.
Tutup dengan:
"Aku berdiri tanpa rasa takut."

Titik Tindakan

Hari ini anda akan:

1. Kenal pasti satu bidang di mana anda mesti menjadi contoh teladan.
2. Ambil satu langkah ketaatan yang ketara.
3. Galakkan seseorang yang teragak-agak untuk berdiri.
4. Bacalah Daniel 3 perlahan-lahan.
5. Tolak kesunyian yang didorong oleh ketakutan.

HARI 17

Apabila Wahyu Tidak Mencukupi

Sauh Cerita

Di Maiduguri, sesuatu telah berlaku yang tidak sesuai dengan penjelasan biasa.
Dia menggambarkan dirinya dibawa — ditunjukkan neraka.
Dia mengenali orang.
Bukan penjenayah.
Bukan orang yang tidak dikenali.
Guru-guru.
Para cendekiawan Islam.
Lelaki yang dihormati.
Lelaki-lelaki yang telah dihormatinya.
Lelaki yang dipercayainya adalah orang soleh.
Dia melihat seksaan.
Kemudian dia melihat syurga.
Perintah.
Cahaya. Kedamaian.
Dia kembali dari pertemuan itu dengan rasa gementar.
Tetapi dia tidak menyerah kalah.
Wahyu mengganggunya.
Ia masih belum mengubahnya menjadi insan yang beriman.
Itulah salah satu kebenaran yang paling menyedihkan dalam keseluruhan cerita.
Anda boleh melihat realiti rohani —
dan masih menentang.
Anda boleh menemui pendedahan ilahi —
dan masih menangguhkan ketaatan.
Maklumat tidak menjamin transformasi.

Sauh Kitab Suci

Perjanjian Lama

"Bileam nampak… Malaikat TUHAN berdiri di jalan… namun hatinya tetap ingin membalas budi."

— Bilangan 22:31–32 (konteks)

Melihat tidak selalu mengubah keinginan.

Perjanjian Baru

"Walaupun Yesus telah mengadakan begitu banyak tanda di hadapan mereka, mereka tetap tidak percaya kepada-Nya."

— Yohanes 12:37

Mukjizat tidak mengatasi kehendak yang keras.

Pelajaran

Ramai orang meminta wahyu.

Jarang yang memberi respons terhadapnya.

Anda mungkin berkata:

"Jika sahaja saya melihat sesuatu yang berkuasa, saya akan berubah."

Tetapi hati lebih mendalam daripada pengalaman.

Wahyu mendedahkan.

Kehendaklah yang menentukan.

Anda mungkin sudah tahu:

- Akibat daripada kompromi.
- Kos dosa.
- Kedegilan untuk taat.
- Hakikat keabadian.

Tetapi ilmu tanpa penyerahan diri menjadi beban.

Terdapat ruang yang berbahaya antara pendedahan dan kepatuhan.

Semakin lama anda berada di sana,
semakin sukar untuk menyerah kalah.

Soalan Refleksi

1. Apakah kebenaran tentang keabadian yang telah saya dengar tetapi tidak saya amalkan?
2. Di manakah saya pernah mengalami sabitan tetapi tindak balas tertangguh?

3. Adakah saya bergantung pada pengalaman dan bukannya ketaatan?
4. Wahyu apa yang telah aku abaikan?
5. Jika aku mati hari ini, adakah kesetiaanku akan terbalas?

Jawab dengan serius.

Perisytiharan

Berdiri dan isytiharkan:

"Wahyu akan membimbingku kepada ketaatan.
Aku tidak akan menangguhkan penyerahan diri. Aku tidak akan mengeraskan hatiku. Apa yang Tuhan tunjukkan kepadaku, akan aku lakukan."

Ulanginya perlahan-lahan.

Doa Berstruktur (40 Minit)

1. Hormat (10 Minit)

Renungkan realiti keabadian.

2. Pengakuan (10 Minit)

Namakan kelewatan khusus dalam ketaatan.

3. Menyerah (10–15 Minit)

Serahkan semula kehendak anda sepenuhnya kepada Kristus.

4. Penjajaran (5 Minit)

Mintalah hati yang lembut dan responsif.

Tutup dengan:

"Hati saya tetap lembut."

Titik Tindakan

Hari ini anda akan:

1. Tuliskan satu kebenaran yang anda telah tangguhkan untuk bertindak.
2. Ambil satu langkah segera ke arah ketaatan.
3. Berpuasalah daripada satu gangguan sebagai tanda kesungguhan.
4. Bacalah Yohanes 12 perlahan-lahan.
5. Luangkan 5 minit untuk merenungkan keabadian dalam diam.

HARI 18

Apabila Mentor Anda Jatuh

Sauh Cerita

Imam itu bukanlah orang asing.
Dia tidak berjauhan.
Dia seorang mentor zaman kanak-kanak.
Dia mengajarnya kitab suci.
Dia mengajarnya disiplin. Dia mengajarnya pengetahuan yang lebih mendalam. Dia memperkenalkannya kepada amalan kerohanian yang lebih maju. Dia membentuk pemahamannya tentang autoriti.
Kepercayaan dibina lebih awal.
Rasa hormat itu mendalam.
Kesetiaan itu kuat.
Kemudian konfrontasi datang.
Dalam pertemuan yang digambarkannya, dia melihat api turun dari langit.
Dan imam itu pun terkena.
Lelaki yang melatihnya.
Autoriti yang dihormatinya. Guru yang membentuknya.
Hilang.
Detik itu bukan sekadar tentang kematian.
Ia adalah tentang keruntuhan.
Apabila apa yang membentukmu jatuh,
kau terpaksa memilih.
Adakah anda akan berpegang teguh pada kesetiaan —
atau bertindak balas terhadap wahyu?
Berpisah daripada seorang mentor bukanlah sesuatu yang ringan.
Ia emosional.
Ia mengelirukan. Ia terasa seperti dikhianati.

Tetapi kadangkala Tuhan berhadapan dengan pihak berkuasa yang membentuk anda
supaya kesetiaan anda dapat dipindahkan sepenuhnya.

Sauh Kitab Suci

Perjanjian Lama

"Ketika Elia lewat dari situ, Elisa... menyembelih lembu-lembu itu... membakar alat-alat bajak... lalu mengikuti Elia."
— 1 Raja-Raja 19:21
Peralihan memerlukan pemisahan.

Perjanjian Baru

"Sesiapa yang mengasihi bapa atau ibunya lebih daripada Aku, ia tidak layak bagi-Ku."
— Matius 10:37
Kesetiaan mesti mengatasi keterikatan.

Pelajaran

Mentor membentuk identiti.
Bapa-bapa rohani membentuk pandangan dunia.
Guru membentuk keyakinan.
Tetapi tiada mentor yang mengatasi kebenaran.
Kesetiaan menjadi berbahaya apabila ia mengatasi wahyu.
Memecahkan sistem yang diwarisi boleh terasa ganas secara dalaman.
Anda hilang keakraban.
Anda hilang struktur. Anda hilang persetujuan.
Anda mungkin juga bersedih.
Tetapi pertumbuhan memerlukan pengasingan daripada apa yang tidak lagi benar.
Api yang melanda mentor itu bukan sahaja tentang kemusnahan.
Ia adalah tentang pendedahan.
Tuhan kadangkala memusnahkan kuasa yang anda andalkan.
Bukan untuk memusnahkanmu —
tetapi untuk membebaskanmu.

Soalan Refleksi

1. Siapakah yang paling banyak membentuk identiti rohani saya?
2. Adakah saya telah meninggikan mana-mana mentor mengatasi kebenaran?
3. Di manakah saya harus mempertahankan sistem yang belum pernah saya periksa?
4. Pihak berkuasa mana yang saya takut untuk persoalkan?
5. Adakah kesetiaan saya kepada Kristus — atau kepada suatu keperibadian?

Jawab dengan teliti.

Perisytiharan

Katakan dengan kuat:

"Kesetiaan saya adalah kepada Kristus di atas segalanya. Tiada mentor yang mengatasi kebenaran. Saya melepaskan kesetiaan yang salah tempat. Saya memilih wahyu daripada tradisi."

Ulanginya perlahan-lahan.

Doa Berstruktur (40 Minit)

1. Hormat (10 Minit)

Hormati Kristus sebagai pihak berkuasa tertinggi.

2. Pelepasan (10–15 Minit)

Namakan sebarang kesetiaan yang salah tempat dan serahkannya.

3. Penyembuhan (10 Minit)

Berdoalah untuk kejelasan emosi di mana perpisahan telah menyakitkan.

4. Penjajaran (5 Minit)

Tegaskan semula Kristus sebagai satu-satunya Tuhan anda.

Tutup dengan:

"Kesetiaan saya telah ditetapkan."

Titik Tindakan

Hari ini anda akan:

1. Kenal pasti satu kepercayaan yang diwarisi tanpa pemeriksaan.
2. Kajilah Kitab Suci secara bebas mengenai isu itu.
3. Singkirkan kebergantungan yang tidak sihat terhadap personaliti.
4. Berdoalah untuk kejelasan rohani.
5. Kuatkan hubungan langsung anda dengan Kristus.

HARI 19

Apabila Syurga Bergerak — Tetapi Hanya Satu yang Memberi Balasan

Sauh Cerita

Api jatuh.
Mentor itu terkesan.
Mereka yang hadir ternampak sesuatu.
Tetapi mereka tidak nampak apa yang dilihatnya.
Ada yang hanya melihat luka yang bengkak.
Ada yang melihat kecederaan.
Ada yang melihat akibatnya.
Tetapi dia melihat gangguan ilahi.
Peristiwa yang sama.
Persepsi yang berbeza. Hasil yang berbeza.
Tidak semua orang yang menyaksikan kebakaran itu bertaubat.
Bukan semua orang bertaubat.
Tetapi seorang lelaki telah ditanda.
Api itu bukan untuk orang ramai.
Ia adalah untuknya.
Syurga tidak bergerak mengikut undian majoriti.
Syurga bergerak mengikut tugasan.

Sauh Kitab Suci
Perjanjian Lama
"Lalu TUHAN menjawab Ayub dari dalam pusaran angin…"
— Ayub 38:1
Apabila Tuhan berfirman, ia bersifat peribadi sebelum ia didedahkan kepada umum.
Perjanjian Baru

"Tiba-tiba cahaya dari langit memancar mengelilingi dia... Orang-orang yang bersama-sama dengan dia berdiri tegak terdiam; mereka mendengar bunyi itu tetapi tidak melihat seorang pun."
— Kisah Para Rasul 9:3–7
Paul jatuh.
Yang lain berdiri.
Dia mendengar kata-kata.
Mereka terdengar bunyi.
Peristiwa yang sama.
Pertemuan yang berbeza.

Pelajaran

Tidak semua orang yang menyaksikan kuasa mengalami transformasi.
Orang ramai boleh memerhati.
Seseorang boleh bertaubat.
Syurga tidak bersukacita apabila bandar-bandar bertindak balas secara emosi.
Kitab Suci mengatakan:
"Ada sukacita pada hadirat malaikat-malaikat Allah atas satu orang berdosa yang bertaubat."
— Lukas 15:10
Untuk satu.
Tuhan akan menggerakkan langit dan bumi.
Api boleh jatuh untuk satu hati.
Kebutaan boleh menyerang hanya dengan satu panggilan.
Puting beliung boleh bercakap bagi pihak seorang lelaki yang soleh.
Jangan ukur pergerakan ilahi dengan berapa ramai yang bertindak balas .
Ukurlah ia dengan ketaatan.
Jika tiada orang lain yang memberi respons —
dan anda memang memberi respons — syurga akan bersukacita.

Soalan Refleksi

1. Adakah saya menganggap bahawa mukjizat yang kelihatan menjamin pertaubatan beramai-ramai?
2. Adakah saya menunggu orang lain sebelum saya menjawab?
3. Adakah saya telah menolak pertemuan ilahi kerana yang lain tidak berubah?
4. Apakah yang telah Tuhan lakukan secara peribadi untuk saya yang orang lain tidak sedari?
5. Jika saya satu-satunya yang menjawab, adakah saya masih akan menurut?

Jawablah dengan mendalam.

Perisytiharan

Katakan dengan kuat:

"Jika syurga bergerak, aku akan bertindak balas.
Walaupun aku berdiri sendiri. Pertemuan Tuhan denganku adalah peribadi. Aku tidak akan menunggu orang ramai. Aku memilih pertobatan."

Ulanginya perlahan-lahan.

Doa Berstruktur (40 Minit)

1. Hormat (10 Minit)

Akui kedaulatan Tuhan dalam pertemuan peribadi.

2. Kesyukuran (10 Minit)

Bersyukurlah kepada-Nya atas wahyu peribadi dalam hidup anda.

3. Menyerah Diri (10–15 Minit)

Tawarkan diri anda sekali lagi sebagai "orang" yang bertindak balas.

4. Syafaat (5 Minit)

Berdoalah untuk orang lain — tetapi jangan menangguhkan ketaatan anda.

Tutup dengan:

"Biar saya yang jawab."

Titik Tindakan

Hari ini anda akan:

1. Renungkan satu momen suci dalam hidup anda yang tidak dihargai oleh orang lain.
2. Tuliskan bagaimana detik itu mengubah diri anda.
3. Berhenti menunggu persetujuan bersama untuk mematuhi.
4. Baca Kisah Para Rasul 9 perlahan-lahan.
5. Syukur kepada Tuhan kerana Dia bergerak untuk individu-individu.

Pelajaran Mentah

Ada yang melihat luka.
Dia nampak api.
Ada yang melihat kecederaan.
Dia melihat pendedahan.
Ada yang melihat seorang lelaki rebah.
Dia melihat keruntuhan pihak berkuasa.
Peristiwa yang sama.
Hati yang berbeza.
Anda tidak boleh mengawal apa yang orang lain anggap.
Anda boleh mengawal bagaimana anda bertindak balas.
Syurga bergembira atas seseorang.
Jadilah itu.

HARI 20

Demi Satu

Sauh Cerita

Api jatuh.
Ramai yang hadir.
Hanya seorang sahaja yang bertaubat.
Di Maiduguri, apabila dia dibawa dan ditunjukkan neraka dan kemudian syurga, orang lain berada di sekelilingnya secara fizikal.
Tetapi hanya dia yang dibawa.
Hanya dia yang melihat kota itu.
Hanya dia yang melihat seksaan itu. Hanya dia yang berjalan melalui apa yang digambarkannya sebagai kota keemasan yang indah. Hanya dia kembali dengan gelisah.
Ramai yang hadir.
Satu telah ditunjukkan.
Pertemuan itu tidak direka untuk tontonan.
Ia direka bentuk untuk penukaran.
Syurga tidak memerlukan orang ramai untuk mewajarkan pergerakan.
Syurga bergerak untuk satu.

Sauh Kitab Suci
Perjanjian Lama
" Lalu berfirmanlah TUHAN kepada Iblis: 'Apakah engkau memperhatikan hamba-Ku Ayub?'"
— Ayub 1:8
Syurga akan berhenti seketika kerana seorang lelaki.
Bukan sebuah negara.
Satu.
Perjanjian Baru

"Siapakah di antara kamu yang mempunyai seratus ekor domba, dan jika ia kehilangan seekor di antaranya, tidak meninggalkan yang sembilan puluh sembilan ekor ... sampai ia menemukannya?"
— Lukas 15:4
Syurga meninggalkan ramai orang untuk menyelamatkan seorang.
Dan sekali lagi:
"Ada sukacita pada hadirat malaikat-malaikat Allah atas satu orang berdosa yang bertaubat."
— Lukas 15:10
Bukan beribu-ribu.
Satu.

Pelajaran
Penginjilan moden sering mengukur kejayaan dengan angka.
Saiz orang ramai.
Metrik Kehadiran.
Tetapi syurga mengukurnya secara berbeza.
Kualiti penyerahan diri.
Kedalaman pemindahan. Ketulusan taubat.
Dalam pertempuran kebakaran itu, orang lain memerhatikan — tetapi hanya satu hati yang hancur.
Di Maiduguri, orang lain hadir — tetapi hanya seorang yang dibawa untuk melihat syurga dan neraka.
Kota emas itu tidak didedahkan untuk hiburan.
Ia didedahkan untuk menentang kesetiaan.
Anda mungkin berdakwah kepada beribu-ribu orang.
Tetapi syurga mungkin bergerak untuk seseorang.
Jika seseorang menyerahkan kesetiaan,
syurga akan bersukacita.
Tuhan tidak memerlukan reaksi besar-besaran untuk mengesahkan pergerakan-Nya.
Dia perlukan penyerahan diri.

Soalan Refleksi

1. Adakah saya mengukur impak rohani melalui nombor?
2. Adakah saya memandang rendah transformasi peribadi?
3. Jika saya satu-satunya yang menjawab, adakah saya masih akan menurut?
4. Adakah saya menunggu momentum kumpulan sebelum membuat komitmen?
5. Adakah saya meraikan kedalaman sepertimana saya meraikan keterlihatan?

Jawab tanpa persembahan.

Perisytiharan

Katakan dengan kuat:

"Aku tidak akan mengukur pergerakan Tuhan dengan angka. Jika syurga bergerak untukku, aku akan bertindak balas. Aku lebih mengutamakan kedalaman daripada paparan. Aku memilih kualiti daripada kuantiti. Biarlah aku menjadi orang yang tepat."

Ulanginya perlahan-lahan.

Doa Berstruktur (40 Minit)

1. Hormat (10 Minit)

Akui bahawa Tuhan melihat individu.

2. Kesyukuran (10 Minit)

Bersyukurlah kepada-Nya atas pertemuan peribadi dalam hidup anda.

3. Menyerah Diri (10–15 Minit)

Tawarkan diri anda sepenuhnya, walaupun tiada orang lain yang menyertai.

4. Syafaat (5 Minit)

Berdoalah agar seorang individu tertentu dapat bertemu dengan Kristus.

Tutup dengan:

"Walaupun aku berdiri sendiri, aku akan patuh."

Titik Tindakan

Hari ini anda akan:

1. Berhenti membandingkan kejayaan rohani dengan saiz orang ramai.
2. Berdoalah dengan sengaja untuk seorang individu dengan menyebut namanya.
3. Tuliskan apa yang telah Tuhan lakukan secara peribadi untuk anda.
4. Baca Lukas 15 perlahan-lahan.
5. Lebih mengutamakan kedalaman berbanding populariti.

Corak yang Lebih Dalam

Paul jatuh.
Orang lain terdengar bunyi.
Ayub telah diuji.
Dunia terus berjalan.
Gembala itu meninggalkan sembilan puluh sembilan ekor.
Untuk satu.
Di Maiduguri:
Ramai yang berdekatan. Hanya seorang yang ditunjukkan syurga. Hanya seorang yang melihat kota emas. Hanya seorang yang kembali dengan gangguan dalaman.
Syurga tidak memerlukan persetujuan ramai.
Syurga mencari hati yang menyerah.
Jadilah hati itu.

HARI 21

Ditembak. Dipukul. Dianggap Mati.

Sauh Cerita

Pembangkangan telah meningkat sebelum ini.
Ancaman adalah nyata.
Tapi kali ini ia bukan amaran.
Ia adalah hukuman mati.
Dia diserang.
Tembakan meletus.
Peluru-peluru memasuki badannya.
Logam menghentak kepalanya dengan kuat.
Darah mengalir dari kulit kepalanya.
Hentaman itu sepatutnya menyebabkan tulang hancur.
Tengkorak itu tidak pecah.
Pendarahan itu teruk.
Dia dilanggar.
Dia rebah. Dia dianggap mati.
Dia diletakkan di dalam kenderaan — bukan untuk diselamatkan, tetapi kerana seseorang sudah termasuk dalam kalangan mereka yang gugur.
Tetapi dia tidak mati.
Dia kembali sedar.
Dia kemudian menggambarkan bahawa beberapa peluru telah dikeluarkan dari badannya.
Logam memasuki daging — tetapi tidak memusnahkan organ-organ penting.
Luka di kepala itu berdarah dengan banyak — tetapi tengkoraknya masih utuh.
Doktor tidak dapat menjelaskan mengapa kerosakan itu tidak lebih teruk.

Ini tidaklah hampir menyebabkan ketidakselesaan.
Ini hampir maut.
Dan ia bukanlah percubaan pertama.
Mengikut catatannya, terdapat beberapa percubaan pembunuhan — lebih daripada tujuh.
Pemeliharaan bukanlah teori.
Ia diulangi.
Pada satu ketika, disebabkan oleh tahap kecederaan yang teruk dan ancaman yang berterusan, campur tangan di peringkat kebangsaan telah mengatur agar beliau dibawa keluar dari negara ini untuk rawatan di Amerika Syarikat.
Kelangsungan hidup beralih daripada keajaiban kepada mandat.
Dia tidak mati.
Tetapi harganya adalah darah.

Sauh Kitab Suci

Perjanjian Lama

"Seribu orang mungkin rebah di sisimu, dan sepuluh ribu di sebelah kananmu, tetapi itu tidak akan menimpamu."
— Mazmur 91:7
Berhampiran dengan kematian tidak bermakna kekalahan.

Perjanjian Baru

"Mereka merejam Paulus dan menyeretnya ke luar kota, kerana mereka menyangka dia sudah mati. Tetapi setelah pengikut-pengikut Yesus berkumpul di sekelilingnya, dia pun bangun..."
— Kisah Para Rasul 14:19–20
Dianggap mati.
Tapi belum selesai.

Pelajaran

Ada musim-musim di mana ketaatan memerlukan pertumpahan darah.
Bukan kesulitan metafora.
Bukan ketidakselesaan sosial.
Tapi rugi sebenarnya.

Namun, kelangsungan hidup di bawah tahap serangan itu memerlukan satu persoalan:
Mengapa saya dipelihara?
Bukan semua orang terselamat daripada tembakan.
Tidak semua orang bertahan dengan percubaan berulang kali.
Jika pemeliharaan diulang,
tugasan mestilah serius.
Awak mungkin takkan pernah berdepan dengan peluru.

Tetapi anda telah menghadapi saat-saat yang boleh menamatkan anda:

- Krisis fizikal.
- Kemalangan.
- Runtuh.
- Kerosakan emosi.
- Keputusan yang boleh memusnahkan masa depan anda.

Awak masih di sini.
Pemeliharaan melipatgandakan tanggungjawab.
Semakin intensif pemeliharaan,
semakin serius panggilannya.

Soalan Refleksi

1. Apa yang telah aku lalui yang sepatutnya berakhir secara berbeza?
2. Adakah saya melayan pemeliharaan secara sambil lewa?
3. Tugasan apa yang mungkin mewajarkan kelangsungan hidup saya?
4. Adakah saya hidup dengan berhati-hati atau cuai?
5. Jika saya benar-benar percaya bahawa hidup saya telah diselamatkan untuk tujuan tertentu, apakah yang akan berubah?

Tulis secara khusus.

Perisytiharan

Berdiri dan mengisytiharkan:
"Aku hidup bukan secara tidak sengaja.
Apa yang sepatutnya memusnahkanku tidak berlaku.
Kelangsungan hidupku adalah tugasan. Aku tidak akan mensia-siakan nyawa yang terpelihara."
Ulanginya dengan penuh keyakinan.

Doa Berstruktur (45 Minit)

1. Kesyukuran (10 Minit)
Bersyukur kepada Tuhan kerana memelihara nyawa.

2. Hormat (10 Minit)
Renungkan betapa hampirnya kemusnahan.

3. Berserah (15 Minit)
Persembahkan masa depan anda sepenuhnya kepada tujuan-Nya.

4. Keberanian (10 Minit)
Mintalah keberanian untuk melaksanakan tugasan tanpa rasa takut.
Tutup dengan:
"Jika Engkau memelihara aku, gunakanlah aku."

Titik Tindakan

Hari ini anda akan:

1. Tuliskan detik-detik yang hampir menghancurkan diri anda.
2. Bertaubatlah daripada kehidupan yang santai.
3. Buang satu corak yang merosakkan diri sendiri.
4. Doakan Mazmur 91 dengan kuat.
5. Ambil satu langkah berani untuk memanggil.

Realiti Mentah

Darah mengalir.
Logam terkena tulang.
Peluru memasuki daging.
Dia diusung seolah-olah sudah selesai.
Tetapi dia bangkit.
Seperti Paul, dianggap mati — tetapi tidak dilakukan.

Pemeliharaan di bawah keganasan tidak mewujudkan kebanggaan.
Ia mewujudkan keadaan terdesak.

HARI 22

Dipelihara pada Skala

Sauh Cerita

Serangan itu bukanlah simbolik.
Tembakan meletus.
Peluru-peluru memasuki badannya.
Logam menghentak kepalanya dengan kuat.
Darah mengalir di mukanya.
Saksi-saksi percaya dia telah mati.
Dia terbawa-bawa seperti orang yang telah selesai.
Tetapi dia belum selesai.
Dia kembali sedar.
Doktor kemudian mengeluarkan beberapa peluru dari badannya.
Logam telah memasuki daging — tetapi organ-organ penting terselamat.
Luka di kepala itu berdarah dengan banyak — tetapi tengkoraknya tidak retak.
Kerosakan itu sepatutnya dahsyat.
Ia tidak.
Ini bukan kecederaan ringan.
Ini hampir dijatuhkan hukuman mati.
Dan ia bukanlah percubaan pertama.
Mengikut catatannya, terdapat beberapa percubaan pembunuhan — lebih daripada tujuh.
Pemeliharaan telah diulang-ulang.
Tahap ancaman meningkat.
Ia menjadi lebih daripada sekadar permusuhan tempatan.
Ia menjadi perhatian negara.
Pada masa itu, Presiden Nigeria ialah Goodluck Jonathan — seorang pemimpin Kristian.
Campur tangan datang pada tahap tertinggi.

Pengaturan telah dibuat untuk beliau dipindahkan ke Amerika Syarikat bagi pemeriksaan dan rawatan perubatan.
Selepas tembakan.
Selepas kehilangan darah. Selepas trauma kepala.
Dia telah diperiksa dengan teliti.
Penemuannya jelas:
Hidup.
Kognitif utuh. Tiada kerosakan neurologi kekal. Tiada keretakan tengkorak. Tiada gangguan struktur.
Dia terselamat dalam keadaan utuh.
Tetapi bahaya itu tidak hilang.
Perlindungan menjadi perlu.
Pengiring telah ditugaskan.
Pergerakan dikawal.
Perjalanan bukan lagi perkara biasa.
Pihak keselamatan mengepungnya.
Apabila seorang lelaki mesti bergerak dengan pengiring, itu bermakna ancaman itu nyata.
Pemeliharaan telah menjadi ketara.
Dia masih hidup.
Tetapi dia telah ditanda.

Sauh Kitab Suci

Perjanjian Lama

"Daniel diangkat keluar dari gua itu dan tidak terdapat luka apa pun padanya, kerana ia percaya kepada Tuhannya."
— Daniel 6:23
Dicampakkan ke dalam.
Dibesarkan ke luar. Tidak disentuh secara dalaman.

Perjanjian Baru

"Komander itu memerintahkan supaya Paulus dibawa ke barak... dan memberi perintah supaya dia dikawal oleh askar-askar."
— Kisah Para Rasul 23:10
Dilindungi kerana tugasan kekal.

Pelajaran

Pemeliharaan pada tahap ini bukanlah keselesaan.
Ia adalah pengesahan.
Apabila peluru tidak menembak matimu,
apabila tengkorak tidak retak, apabila pemeriksaan tidak menunjukkan kemusnahan yang berkekalan, apabila pihak berkuasa negara campur tangan, apabila pengiring ditugaskan —
Anda mesti bertanya:
Mengapa saya terselamat?
Kelangsungan hidup meningkatkan tanggungjawab.
Perlindungan meningkatkan akauntabiliti.
Jika Tuhan memeliharamu secara rahsia,
bersyukurlah.
Jika Dia memeliharamu di khalayak ramai,
bersabarlah.
Jika Dia melindungimu,
janganlah hidup sambil lewa.
Awak hidup bukan untuk kemudahan.
Awak hidup untuk tugasan.

Soalan Refleksi

1. Adakah saya terselamat daripada sesuatu yang sepatutnya berakhir secara berbeza?
2. Adakah saya melayan hidupan yang terpelihara dengan sambil lewa?
3. Apakah tanggungjawab yang datang dengan diselamatkan?
4. Adakah saya hidup dengan sengaja?
5. Jika Tuhan memberikan perlindungan di sekeliling saya, adakah hidup saya akan membenarkannya?

Jawab dengan jujur.

Perisytiharan

Berdiri dan mengisytiharkan:
"Hidupku terpelihara untuk tujuan.
Apa yang sepatutnya memusnahkanku tidak. Aku akan hidup secara bertanggungjawab.

Aku tidak akan mensia-siakan rahmat ilahi.
Pemeliharaan mengesahkan tugasan."
Ulanginya perlahan-lahan.

Doa Berstruktur (45 Minit)

1. Kesyukuran (10 Minit)

Bersyukur kepada Tuhan kerana memelihara nyawa.

2. Hormat (10 Minit)

Akui betapa hampirnya kemusnahan.

3. Berserah Diri (15 Minit)

Persembahkan masa depan anda kepada Tuhan dengan sengaja.

4. Komisen (10 Minit)

Mintalah keberanian untuk memenuhi panggilan anda.
Tutup dengan:
"Jika Engkau memelihara aku, gunakanlah aku."

Titik Tindakan

Hari ini anda akan:

1. Tuliskan detik-detik yang anda terpelihara.
2. Hilangkan satu tingkah laku melulu.
3. Bacalah Daniel 6 perlahan-lahan.
4. Syukur kepada Tuhan atas perlindungan yang tidak kelihatan.
5. Ambil satu langkah yang disengajakan ke arah tujuan.

HARI 23

Ditanda — Tetapi Tidak Bergerak

Sauh Cerita

Selepas kejadian tembakan itu.
Selepas pemindahan.
Selepas mendapat kelulusan perubatan.
Selepas pengiring ditugaskan.
Kehidupan tidak kembali normal.
Dia bukan lagi tanpa nama.
Dia telah ditanda.
Bukan secara simbolik.
Secara aktif.
Pihak keselamatan mengiringinya.
Pergerakan memerlukan koordinasi.
Penilaian diperlukan untuk kehadiran awam.
Tahap ancaman bukanlah khabar angin.
Mereka dipantau.
Hidup berjaga-jaga adalah hidup sedar.
Hidup sedar adalah hidup berdisiplin.
Tetapi inilah bahagian kritikalnya:
Dia tidak berhenti berdakwah.
Dia tidak berundur daripada memanggil.
Dia tidak mencairkan mesej untuk mengurangkan risiko.
Dia menyambung.
Kehidupan bertanda — tetapi tidak tergerak.

Sauh Kitab Suci

Perjanjian Lama

"Saul terus mengawasi Daud dari hari itu dan seterusnya."

— 1 Samuel 18:9

Dilihat.

Disasarkan.

Masih terpilih.

Perjanjian Baru

"Sebab Aku akan menunjukkan kepadanya betapa banyaknya penderitaan yang harus ditanggungnya oleh karena nama-Ku."

— Kisah Para Rasul 9:16

Ditanda daripada penukaran.

Tetapi ditugaskan.

Pelajaran

Sesetengah orang yang beriman hanya kekal setia tanpa disedari.

Tetapi apabila ketaatan menarik perhatian,
ketakutan mula merundingkan kompromi.

Ditanda mendedahkan motif.

Adakah anda berkhidmat untuk keselesaan —
atau menghubungi?

Apabila hidup anda diawasi:

- Awak bercakap dengan lebih berhati-hati.
- Anda bergerak dengan lebih sengaja.
- Awak solat dengan lebih bersungguh-sungguh.

Ancaman memurnikan sikap sambil lewa.

Anda mungkin tidak akan pernah mempunyai pengiring.

Tetapi anda ditandai secara rohani.

Musuh memerhatikan orang yang beriman dengan serius.

Kekristianan kasual tidak banyak menimbulkan tentangan.

Kesetiaan yang tertumpu menarik perhatian.

Persoalannya ialah:

Adakah kesedaran tentang tentangan akan mematangkan anda

—

atau menakutkan anda?

Soalan Refleksi

1. Adakah aku setia hanya apabila tidak kelihatan?
2. Adakah saya akan teruskan jika kepatuhan saya menimbulkan permusuhan?
3. Di manakah saya telah mencairkan keyakinan untuk mengelakkan perhatian?
4. Adakah saya sedar bahawa hidup saya membawa beban rohani?
5. Adakah saya cukup serius untuk diperhatikan?

Jawab tanpa berani.

Perisytiharan

Berdiri dan isytiharkan:
"Aku tidak akan berundur kerana aku telah ditanda. Tentangan akan menghalusiku. Aku berkhidmat dengan memanggil, bukan menghiburkan. Aku tetap tidak tergerak."
Ulanginya dengan tegas.

Doa Berstruktur (40–45 Minit)

1. Ibadah (10 Minit)
Akui Kristus sebagai Tuhan atas pertempuran anda.
2. Kekuatan (15 Minit)
Berdoalah untuk ketahanan di bawah pengawasan.
3. Kebijaksanaan (10 Minit)
Mintalah kebijaksanaan dalam ketaatan yang nyata.
4. Keberanian (5–10 Minit)
Bertekad untuk berani tanpa melulu.
Tutup dengan:
"Aku berdiri teguh."

Titik Tindakan

Hari ini anda akan:

1. Kenal pasti satu aspek di mana ketakutan telah mengubah kepatuhan anda.
2. Betulkan kawasan itu dengan segera.
3. Berdoalah untuk orang percaya yang hidup di bawah ancaman di seluruh dunia.
4. Bacalah 1 Samuel 18 perlahan-lahan.
5. Kuatkan satu disiplin dalam hidup anda.

HARI 24

Naikkan Standard

Sauh Cerita

Selepas kebakaran.
Selepas menyerah diri.
Selepas peluru.
Selepas pemindahan.
Selepas pengiring.
Tugasan itu tidak mengecil.
Ia diasah.
Dia telah menyatakan secara terbuka bahawa apabila dia diselamatkan, Tuhan berfirman kepadanya:
"Pergilah dan dorong para pengawal untuk mengambil tempat mereka supaya aku tidak memusnahkan orang ramai."
Ini bukan bahasa yang lembut.
Ia adalah bahasa akauntabiliti.
Naratif itu telah beralih daripada:
Keselamatan peribadi → Pemeliharaan awam → Perlindungan negara.
Kini ia telah berpindah ke:
Tanggungjawab.

Mesej itu bukan sekadar "berjaga-jaga".
Ia adalah "meningkatkan standard".
Kerana dia telah melihat:
Semangat keagamaan tanpa ilmu pengetahuan.
Kemunafikan gereja. Kompromi dalam kepimpinan.
Kemalasan rohani.
Bertahan hidup bukan untuk bersembunyi.
Ia adalah untuk membunyikan penggera.

Sauh Kitab Suci
Perjanjian Lama
"Hai anak manusia, Aku telah menjadikan engkau penjaga... oleh itu engkau harus mendengar firman dari mulut-Ku dan memperingatkan mereka atas nama-Ku."
— Yehezkiel 33:7
Pengawal tidak melayan.
Mereka memberi amaran.
Perjanjian Baru
"Walau bagaimanapun, dasar yang kukuh daripada Allah tetap teguh... Setiap orang yang menyebut nama Kristus hendaklah meninggalkan kejahatan."
— 2 Timotius 2:19
Menaikkan taraf bermula dengan kesucian.

Pelajaran
Akan tiba satu tahap di mana kepercayaan peribadi mesti menjadi tanggungjawab awam.
Seorang penjaga melakukan tiga perkara:

1. Berdiri pada kedudukannya.
2. Nampak dengan jelas.
3. Bercakap benar.

Pengawal tidak popular.
Mereka perlu.
Kompromi merebak apabila pengawal tidur.
Kemunafikan merebak apabila pengawal berdiam diri.

Perubahan moral meningkat apabila pengawal menyertai orang ramai.
Anda tidak boleh membawa mimbar kebangsaan.
Tetapi anda membawa tanggungjawab di suatu tempat.
Di rumah anda.
Di gereja anda. Di tempat kerja anda. Dalam generasi anda.
Menaikkan taraf bukan bermaksud mengutuk orang.
Ia bermaksud menjalani apa yang anda nyatakan.

Soalan Refleksi

1. Di manakah Tuhan menempatkan saya sebagai penjaga?
2. Adakah aku telah berdiam diri untuk kekal diterima?
3. Di manakah saya telah bertolak ansur dengan kompromi?
4. Adakah saya hidup pada tahap yang saya harapkan daripada orang lain?
5. Apakah standard yang perlu saya tingkatkan dalam hidup saya sendiri dahulu?

Jawab dengan berhemah.

Perisytiharan

Berdiri dan isytiharkan:
"Saya menerima jawatan saya.
Saya tidak akan berkompromi. Saya akan meningkatkan taraf dalam lingkungan saya. Saya akan menjalani apa yang saya isytiharkan."
Ulanginya dengan penuh kesungguhan.

Doa Berstruktur (45 Minit)

1. Ibadah (10 Minit)

Hormatilah Tuhan sebagai kudus.

2. Taubat (15 Minit)

Mengakui kompromi peribadi.

3. Syafaat (10 Minit)
Berdoalah untuk para pemimpin dan kesucian gereja.
4. Komisen (10 Minit)
Mintalah keberanian untuk berdiri.
Tutup dengan:
"Jadikan aku penjaga yang setia."

Titik Tindakan
Hari ini anda akan:

1. Kenal pasti satu bahagian yang terjejas dalam hidup anda dan betulkannya.
2. Galakkan seseorang yang sedang hanyut secara rohani.
3. Pelajarilah Yehezkiel 33 dengan mendalam.
4. Singkirkan satu pengaruh yang merendahkan taraf kerohanian anda.
5. Bertekadlah untuk terus bersujud kepada kesucian peribadi.

HARI 25

Bina Apa yang Akan Tahan Lama Daripada Api

Sauh Cerita

Islam militan mempunyai struktur.
Sembahyang telah dijadualkan.
Puasa telah didisiplinkan. Pengulangan telah dikuatkuasakan.
Intensiti telah dilatih.
Apabila dia memeluk agama Islam, emosi sahaja tidak mencukupi.
Struktur terpaksa dibina semula.
Jika kesilapan berdisiplin dapat membina komitmen radikal, maka kebenaran berdisiplin mesti membina daya tahan yang lebih kuat.
Ketahanan di bawah peluru tidak menopangnya.
Pembentukan berjaya.
Penganiayaan tidak memelihara iman.
Struktur memang begitu.

Sauh Kitab Suci
Perjanjian Lama
"Petang dan pagi dan tengah hari aku akan berdoa dan berseru dengan nyaring, dan Dia akan mendengar suaraku."
— Mazmur 55:17
Ritma mengekalkan hubungan.
Perjanjian Baru
"Tidakkah kamu sanggup berjaga-jaga bersama-Ku satu jam pun?"
— Matius 26:40
Satu jam.
Sengaja. Tidak terganggu.

Pelajaran
Ramai orang percaya berdoa secara reaktif.
Sedikit sahaja yang berdoa secara struktural.
Doa reaksioner mengharungi krisis.
Doa yang berstruktur membina daya tahan.
Anda tidak boleh membina komitmen tahap militan dengan agama Kristian yang kasual.
Jika pengabdian anda tidak menentu,
kestabilan anda akan rapuh.
Disiplin bukanlah legalisme.
Ia adalah penjajaran.

Model Doa Strategik 60 Minit
Ini bukan persembahan emosi.
Ia adalah pembentukan.

1 30 Minit — Sembahlah Dia Seadanya
Tiada permintaan.
Tiada petisyen.
Hanya pemujaan.

- Kesucian-Nya.
- Kedaulatan-Nya.
- Rahmat-Nya.
- Keadilan-Nya.
- Kesetiaannya.

Ibadah membina semula perspektif.

2 10 Minit — Isytiharkan Kedaulatannya
Sebutkan dengan lantang:

- Dia yang memerintah hidupmu.
- Dia memerintah keluargamu.
- Dia memerintah panggilanmu.
- Dia memerintah bangsamu.

Kedaulatan menyelaraskan autoriti.

3 10 Minit — Taubat

Mengaku:

- Kompromi.
- Kemunafikan.
- Kemalasan.
- Ketakutan.
- Kesetiaan yang berbelah bahagi.

Kesucian melindungi kuasa.

4 10 Minit — Dekri Sejajar Kerajaan

Bukan keinginan yang mementingkan diri sendiri.
Bukan cita-cita duniawi.
Isytiharkan:

- Keselarasan dengan kehendak-Nya.
- Disiplin dalam hidup anda.
- Keberanian dalam ketaatan.
- Kesucian dalam tingkah laku.
- Pemenuhan tugasan.

Keputusan mesti selaras dengan Kitab Suci.

Soalan Refleksi

1. Adakah doa saya berdisiplin atau emosional?
2. Adakah saya berdoa lebih lama dalam keadaan susah berbanding dalam keadaan tenang?
3. Apa yang menghalang saya daripada menumpukan perhatian selama satu jam?
4. Adakah saya tersusun secara rohani?
5. Apa yang boleh berubah jika saya mengamalkannya setiap hari selama 40 hari?

Jawab dengan jujur.

Perisytiharan

Berdiri dan isytiharkan:

"Aku akan membina pengabdian yang berdisiplin.
Doaku akan tersusun. Kesetiaanku akan dibentuk setiap hari.
Aku tidak akan hidup sambil lewa secara rohani."
Ulanginya dengan tegas.

Doa Berstruktur

Hari ini, lakukan model penuh selama 60 minit.
Tiada jalan pintas.
Tiada tugasan berbilang tugas.
Tidak terganggu.

Titik Tindakan

1. Jadualkan waktu harian yang tetap.
2. Singkirkan gangguan digital semasa solat.
3. Tuliskan wahyu semasa beribadat.
4. Pantau konsistensi selama 7 hari.
5. Lindungi masa ini sebagai sesuatu yang tidak boleh dirundingkan.

HARI 26

Mendengar Tuhan Dengan Jelas

Sauh Cerita

Titik perubahan dalam hidupnya bukanlah sesuatu yang tiba-tiba.
Mereka berarah.
Maiduguri — satu visi.
Detik kebakaran — konfrontasi. Pertemuan hotel — "Kita telah keterlaluan." Suruhanjaya — "Memprovokasi pengawal."
Ini bukanlah tanggapan yang samar-samar.
Mereka jelas.
Khusus.
Mengganggu.
Apabila kesetiaan beralih,
kejelasan menyusul.
Tetapi kejelasan tidak datang dari kekacauan.
Ia datang daripada penyerahan diri.
Dan kemudian - disiplin.
Mereka yang hidup santai jarang mendengar dengan jelas.
Mereka yang hidup berbelah bahagi mendengar dengan cara yang salah.
Mereka yang berstruktur mendengar dengan mantap.

Sauh Kitab Suci
Perjanjian Lama
"Berfirmanlah, TUHAN, sebab hamba-Mu mendengar."
— 1 Samuel 3:10
Pendengaran memerlukan postur.
Perjanjian Baru

"Domba-domba-Ku mendengar suara-Ku dan Aku mengenal mereka, dan mereka mengikut Aku."
— Yohanes 10:27
Pendengaran adalah bersifat hubungan.
Mengikuti membuktikan pendengaran.

Pelajaran
Ramai orang yang beriman berkata, "Tuhan itu diam."
Selalunya isunya bukan berdiam diri.
Ia adalah bunyi bising.
Bunyi ketakutan.
Bunyi cita-cita. Bunyi perbandingan. Bunyi media sosial.
Bunyi kompromi yang tidak bertaubat.
Anda tidak dapat mendengar dengan jelas jika hati anda berbelah bahagi.
Kejelasan memerlukan:

- Menyerah.
- Disiplin.
- Senyap.
- Ketaatan kepada apa yang telah diperkatakan.

Tuhan jarang sekali memberikan arahan baharu kepada mereka yang mengabaikan arahan yang terakhir.
Dia bercakap secara berarah.
Bukan tanpa henti.
Jika Dia berfirman, ia akan selaras dengan Kitab Suci.
Ia akan meninggikan kekudusan. Ia akan menuntut ketaatan.
Ia tidak akan memuji ego.

Soalan Refleksi

1. Bilakah kali terakhir saya mematuhi sesuatu yang Tuhan tunjukkan kepada saya?
2. Apakah gangguan yang mengaburkan pendengaran rohani saya?
3. Adakah saya mengutamakan kesunyian?
4. Adakah saya menunggu arahan baharu sambil mengabaikan sabitan sebelumnya?

5. Jika Tuhan berfirman dengan jelas malam ini, adakah saya akan taat?

Jawab dengan jujur.

Perisytiharan

Berdiri dan isytiharkan:

"Telingaku terbuka.

Hatiku pasrah. Aku menolak gangguan. Aku akan mendengar dan taat."

Ulang perlahan-lahan.

Doa Berstruktur (45 Minit)

1. Ibadah (10 Minit)

Akui Dia sebagai Gembala.

2. Senyap (10 Minit)

Duduk dengan diam. Tiada kata-kata. Dengar.

3. Menyerah Diri (10 Minit)

Lepaskan agenda anda.

4. Penjajaran (15 Minit)

Mintalah kejelasan dan keberanian untuk patuh.

Tutup dengan:

"Berfirmanlah, Tuhan. Aku akan menjawab."

Titik Tindakan

1. Luangkan 10 minit dalam kesunyian sepenuhnya hari ini.
2. Tuliskan tanggapan — ujilah tanggapan tersebut berdasarkan Kitab Suci.
3. Patuhi satu keyakinan kecil dengan segera.
4. Kurangkan satu punca bunyi bising.
5. Baca 1 Samuel 3 dan Yohanes 10 perlahan-lahan.

HARI 27

Berjalan dan Bekerja Dengan Tuhan

Sauh Cerita

Pertemuan itu adalah nyata.
Api itu nyata.
Penglihatan itu nyata.
Konfrontasi hotel itu nyata.
Peluru-peluru itu adalah nyata.
Penyelamatan presiden itu nyata.
Tetapi pertemuan sahaja tidak dapat mengekalkan kehidupan.
Berjalan memang begitu.
Selepas terus hidup.
Selepas pengiring. Selepas komisen.
Kehidupan diteruskan setiap hari.
Keputusan.
Perjalanan. Dakwah. Membina pelayanan. Berkhidmat kepada masyarakat. Hidup dalam ketegangan keluarga yang berpecah belah.
Saat-saat ajaib itu bukan berlaku setiap hari.
Berjalan kaki itu.
Anda tidak boleh hidup secara kekal dalam pertemuan.
Anda mesti hidup dalam perhubungan.

Sauh Kitab Suci
Perjanjian Lama
"Henokh hidup bergaul dengan Tuhan; lalu ia tidak ada lagi, sebab Tuhan telah mengangkatnya."
— Kejadian 5:24
Bukan sekadar percaya.
Berjalan.

Perjanjian Baru

"Karena kamu telah menerima Kristus Yesus, Tuhan, demikianlah hidupmu di dalam Dia."
— Kolose 2:6

Menerima adalah satu peristiwa.
Berjalan adalah satu proses.

Pelajaran

Ramai orang yang beriman mengejar saat-saat.
Sedikit yang bercucuk tanam berjalan kaki.
Berjalan kaki bermaksud:

- Ritma harian.
- Ketaatan yang teguh.
- Kesedaran berterusan.
- Penjajaran yang konsisten.

Berjalan tidak memerlukan tontonan.
Ia memerlukan kesetiaan.
Bekerja dengan Tuhan bermaksud:
Kamu tidak membahagikan-Nya.
Dia bukan sahaja hadir pada waktu solat.
Dia hadir dalam:

- Keputusan perniagaan.
- Perbualan keluarga.
- Perancangan Kementerian.
- Pilihan kewangan.
- Penyelesaian konflik.

Berjalan menghilangkan kehidupan berganda.
Berjalan kaki menghapuskan amalan Kristian yang berprestasi.
Berjalan membina integriti.

Soalan Refleksi

1. Adakah saya mengejar pertemuan lebih daripada sekadar konsistensi?
2. Adakah kehidupan rohani saya didorong oleh peristiwa atau didorong oleh perhubungan?

3. Adakah saya merujuk kepada Tuhan dalam keputusan harian?
4. Di manakah kehidupan saya kelihatan terbahagi-bahagi?
5. Jika seseorang memerhatikan minggu saya, adakah mereka akan melihat aktiviti berjalan-jalan?

Jawab dengan jujur.

Perisytiharan

Berdiri dan isytiharkan:

"Aku akan berjalan bersama Tuhan setiap hari.
Imanku bukan sekali-sekala. Aku menolak agama Kristian yang terbahagi-bahagi. Aku berjalan dalam ketaatan secara konsisten."

Ulanginya perlahan-lahan.

Doa Berstruktur (45 Minit)

1. Ibadah (10 Minit)

Akui Tuhan hadir dalam semua aspek kehidupan.

2. Berserah Diri (10 Minit)

Jemput Dia ke dalam rutin harian anda.

3. Penyelarasan (15 Minit)

Berdoalah melalui setiap aspek kehidupan anda — keluarga, pekerjaan, pelayanan, kewangan.

4. Komitmen (10 Minit)

Komited kepada kesedaran harian yang sedar.

Tutup dengan:

"Aku berjalan bersama-Mu."

Titik Tindakan

1. Jemput Tuhan dengan sengaja untuk membuat satu keputusan hari ini.
2. Keluarkan satu petak di mana Dia telah dikecualikan.
3. Mulakan pagi anda esok dengan penyerahan diri yang disengajakan.
4. Baca Kejadian 5 dan Kolose 2 perlahan-lahan.
5. Jejaki kepatuhan harian selama 7 hari.

HARI 28

Hidup Melampaui Kemunafikan

Sauh Cerita

Salah satu detik paling berbahaya dalam keseluruhan perjalanan bukanlah tembakan.
Ia adalah ketidakkonsistenan di dalam Gereja.
Dia berasal dari disiplin militan.
Di mana apa yang diajarkan diamalkan.
Di mana struktur dikuatkuasakan. Di mana teks dilaksanakan.
Dia memasuki agama Kristian dengan harapan akan lebih berintegriti.
Sebaliknya, dia melihat:
Berdakwah tanpa amalan.
Bahasa tanpa gaya hidup. Paparan kerohanian tanpa pengabdian peribadi.
Kekecewaan itu hampir membuatnya kembali.
Peluru-peluru itu hampir tidak dapat melumpuhkannya.
Hipokrasi hampir berlaku.
Begitulah kemusnahannya.

Sauh Kitab Suci
Perjanjian Lama
"Bangsa ini datang mendekat kepada-Ku dengan mulut mereka... tetapi hati mereka jauh dari pada-Ku."
— Yesaya 29:13
Ucapan tanpa menyerah kalah.
Perjanjian Baru
"Celakalah kamu... orang munafik! Kamu membersihkan bahagian luar cawan dan pinggan, tetapi bahagian dalamnya penuh dengan ketamakan dan keangkuhan."
— Matius 23:25

Penggilapan luaran.
Kerosakan dalaman.

Pelajaran

Hipokrasi bukanlah kelemahan.
Ia adalah perpecahan.
Ia menjalani dua kehidupan.

- Satu orang awam.
- Satu persendirian.

Ia mengisytiharkan kesetiaan secara terbuka,
sambil merundingkannya secara tertutup.
Dan tiada apa yang dapat memusnahkan saksi dengan lebih cepat.
Anda mungkin terselamat daripada penganiayaan.
Tetapi anda tidak boleh bertahan daripada rasuah dalaman.
Jika kehidupan doa anda lemah,
tetapi khutbah anda kuat—itulah keretakan.
Jika kepercayaan umum anda berani,
tetapi ketaatan peribadi anda tidak konsisten—itulah perpecahan.
Integriti bermaksud penjajaran.
Apa yang saya katakan.
Apa yang saya lakukan. Apa yang saya percayai. Apa yang saya amalkan.
Arah yang sama.

Soalan Refleksi

1. Di manakah kehidupan peribadi saya bercanggah dengan pengakuan awam saya?
2. Disiplin rohani apakah yang saya lakukan tetapi tidak saya pertahankan?
3. Adakah mereka yang paling rapat dengan saya akan mengesahkan pengabdian saya?
4. Kompromi apa yang saya justifikasikan?
5. Jika kemunafikan didedahkan hari ini, apakah yang akan timbul?

Jawab tanpa alasan.

Perisytiharan

Berdiri dan isytiharkan:

"Saya menolak kehidupan berganda.

Kehidupan peribadi saya akan sepadan dengan pengakuan awam saya. Saya memilih integriti. Saya memilih keutuhan. Saya memilih penjajaran."

Ulanginya perlahan-lahan.

Doa Berstruktur (45 Minit)

1. Ibadah (10 Minit)

Hormatilah Kristus sebagai kudus dan benar.

2. Pendedahan (15 Minit)

Mohon Tuhan untuk mendedahkan ketidakkonsistenan yang tersembunyi.

3. Taubat (10 Minit)

Mengakui kompromi tertentu.

4. Penjajaran (10 Minit)

Berdoalah untuk kekuatan untuk hidup secara konsisten.

Tutup dengan:

"Biarkan dalaman dan luaran saya bersetuju."

Titik Tindakan

1. Alih keluar satu kompromi tersembunyi.
2. Kuatkan satu disiplin yang lemah.
3. Akuilah sesuatu secara peribadi kepada Tuhan yang telah anda abaikan.
4. Baca Matius 23 perlahan-lahan.
5. Mintalah seseorang yang dipercayai untuk meminta anda bertanggungjawab.

HARI 29

Godaan untuk Kembali

Sauh Cerita

Selepas kebakaran.
Selepas penglihatan.
Selepas menyerah diri.
Selepas pelayanan.
Selepas peluru.
Selepas menyelamat.
Selepas pengiring.
Godaan itu tetap datang.
Bukan kerana Islam terbukti lebih kuat.
Tetapi kerana agama Kristian kelihatan tidak konsisten.
Dia telah memberi keterangan dengan jelas: ada satu perkara yang telah diputuskannya.
Dia akan menyampaikan satu pesanan terakhir.
Kemudian kembali.
Dia telah menimbang disiplin kehidupannya yang dahulu dengan kompromi yang diamatinya.
Dan berundur terasa logik.
Itu menyedihkan.
Seorang lelaki yang melihat syurga.
Seorang lelaki yang melihat neraka. Seorang lelaki yang terselamat daripada pembunuhan.
Masih berdepan dengan godaan untuk berpatah balik.
Godaan tidak selalunya tentang keraguan.
Kadang-kadang ia berkaitan dengan kekecewaan.

Sauh Kitab Suci

Perjanjian Lama

"Dan apabila mereka teringat bahawa Tuhan adalah gunung batu mereka… namun mereka memujuk-muji Dia dengan mulut mereka… kerana hati mereka tidak teguh kepada-Nya."

— Mazmur 78:35–37

Ingatan tidak menjamin ketabahan.

Perjanjian Baru

"Kerana Demas telah meninggalkan aku, kerana dia telah mencintai dunia ini."

— 2 Timotius 4:10

Ada yang bermula dengan baik.

Ada yang kembali.

Pelajaran

Godaan untuk kembali tidak bermakna anda tidak pernah ikhlas.

Ini bermakna anda manusia.

Pulangan mungkin kelihatan seperti:

- Kembali kepada tabiat lama.
- Melembutkan keyakinan.
- Menurunkan piawaian.
- Kemalasan rohani.
- Penarikan diri secara emosi.
- Kebencian yang menyamar sebagai teologi.

Anda tidak boleh menyangkal Kristus secara terbuka.

Tetapi anda boleh hanyut ke dalam.

Kepulangan bermula dengan senyap.

Ia bermula dengan:

"Saya penat."

"Ini tidak berbaloi." "Sekurang-kurangnya sebelum ini, ada disiplin." "Tiada siapa yang mengamalkan apa yang mereka ajarkan."

Begitulah kata undur.

Musuh jarang menyerang dengan penyangkalan Kristus terlebih dahulu.

Dia menyerang dengan rasa putus asa.

Soalan Refleksi

1. Di manakah aku secara rahsia telah mempertimbangkan untuk berundur?
2. Kekecewaan apakah yang mencetuskan pemikiran itu?
3. Adakah saya sedang berunding tentang keyakinan saya?
4. Corak lama apa yang terasa menarik semula?
5. Jika saya kembali, apa yang akan saya rugi?

Menulislah tanpa rasa malu.

Perisytiharan

Berdiri dan isytiharkan:
"Aku tidak akan kembali.
Kekecewaan tidak akan mengawalku. Kesetiaanku telah ditetapkan. Aku tidak akan berunding tentang perjanjian."
Ulanginya dengan tegas.

Doa Berstruktur (45 Minit)

1. Ibadah (10 Minit)
Akui Kristus sebagai tidak berubah.
2. Pengakuan (10–15 Minit)
Namakan bidang-bidang yang membuatkan anda berasa putus asa.
3. Kekuatan (15 Minit)
Berdoalah untuk ketabahan di bawah kekecewaan.
4. Komitmen (5 Minit)
Tegaskan semula kesetiaan secara lisan.
Tutup dengan:
"Sudah terlambat untuk kembali."

Titik Tindakan

1. Kenal pasti satu bidang hanyutan rohani dan betulkannya hari ini.
2. Buang satu pengaruh yang menyebabkan rasa putus asa.

3. Ucapkan kesetiaan anda dengan kuat sekali lagi sebelum tidur.
4. Baca Mazmur 78 dan 2 Timotius 4.
5. Kuatkan disiplin solat anda malam ini.

HARI 30

"Kita Telah Terlalu Jauh"

Sauh Cerita

Dia sudah membuat keputusan.
Dia akan menyampaikan satu pesanan terakhir.
Selepas itu — dia akan kembali.
Keputusan dalaman telah dibuat.
Bukan secara terbuka.
Secara peribadi.
Dia berkhutbah di satu perhimpunan besar.
Suasananya sangat hebat.
Orang ramai menangis. Kehadiran Tuhan mengharukan.
Tetapi di dalam hatinya, dia telah menyimpulkan:
"Ini adalah pesanan terakhir saya."
Selepas itu, mereka mengiringinya kembali ke hotelnya.
Abang kembarnya dan pemimpin-pemimpin lain turut hadir.
Dia membuka pintu.
Dan dia berkata Yesus berdiri di sana.
Bukan simbolik.
Bukan khayalan. Cukup nyata sehingga dia jatuh di bawah kuasa.
Orang lain di dalam bilik itu merasakan sesuatu.
Tetapi dia nampak.
Dan kata-kata itu terus terang:
"Kita sudah pergi terlalu jauh. Sudah terlambat untuk berpatah balik."
Ada saat-saat apabila Tuhan mengganggu retret peribadi anda.
Dia tidak membantah.
Dia mengingatkan.
Awak telah melihat terlalu banyak.
Awak telah mengetahui terlalu banyak. Awak telah datang terlalu jauh.

Berundur bukan lagi bermaksud tidak bersalah.
Ia adalah pemberontakan.

Sauh Kitab Suci
Perjanjian Lama
"Ingatlah isteri Lot."
— Lukas 17:32 (merujuk kepada Kejadian 19)
Mengimbas kembali boleh mengorbankan takdir.
Perjanjian Baru
"Setiap orang yang siap membajak tetapi menoleh ke belakang, tidak layak untuk Kerajaan Allah."
— Lukas 9:62
Ke hadapan adalah perjanjian.
Ke belakang adalah kompromi.

Pelajaran
Tuhan tidak selalu menghentikanmu sebelum kau membuat keputusan.
Kadangkala Dia menunggu sehingga anda membuat keputusan —
kemudian bersemuka dengan anda.
Anda mungkin tidak melihat Yesus di bilik hotel.
Tetapi anda akan menghadapi saat-saat di mana keyakinan berbicara dengan jelas:
"Awak tak boleh balik."
Apabila kebenaran telah didedahkan secara mendalam,
kembali bukanlah kejahilan.
Ia adalah penolakan.
Ada satu barisan.
Sebaik sahaja diseberang,
tempat berundur tidak lagi selamat.
Sesetengah orang percaya berpendapat mereka boleh hanyut tanpa akibat.
Tetapi apabila perjanjian dimeteraikan,
kepulangan akan melukai jiwa.
Ada saat-saat di mana syurga berkata:

Cukup.
Ke hadapan sahaja.

Soalan Refleksi

1. Adakah saya telah membuat sebarang keputusan peribadi untuk berundur?
2. Kebenaran apakah yang telah kulihat yang menjadikan kepulangan mustahil?
3. Di manakah saya melihat kembali secara emosi?
4. Berapakah harganya untuk jiwaku kembali?
5. Jika Yesus bersemuka dengan saya malam ini, apakah yang akan Dia katakan?

Jawablah dengan penuh ketenangan.

Perisytiharan

Berdiri dan isytiharkan:
"Sudah terlambat untuk aku berpatah balik.
Aku telah melihat terlalu banyak. Aku tahu terlalu banyak.
Perjanjianku tetap teguh. Hanya untuk ke hadapan."
Ulanginya perlahan-lahan.

Doa Berstruktur (45 Minit)

1. Hormat (10 Minit)

Akui Kristus sebagai Tuhan.

2. Pengakuan (15 Minit)

Akui sebarang retret dalaman.

3. Komitmen Semula (15 Minit)

Perbaharui kesetiaan anda dengan kuat.

4. Penutupan (5 Minit)

Tutup pintu secara lisan untuk kembali.
Tutup dengan:
"Kesetiaan saya telah dimeteraikan."

HARI 31

Anda Ada Tugasan

Sauh Cerita

Dalam pertemuan yang sama, selepas konfrontasi itu,
datanglah pentauliahan.
"Anda mempunyai tugasan dalam Tubuh Kristus."
Bukan keselesaan.
Bukan populariti.
Tugasan.
Dia diberitahu untuk menaikkan panji-panji.
Untuk memprovokasi pengawal. Untuk membunyikan
penggera.
Kelangsungan hidup bukanlah pengakhirannya.
Ia adalah persediaan.
Pemeliharaan tidak wujud untuk keselamatan.
Ia wujud untuk perkhidmatan.
Apabila syurga memelihara seseorang berulang kali,
itu kerana syurga mengharapkan sesuatu.
Tugasan menggantikan kekaburan.
Sebaik sahaja tugasan jelas,
hanyut menjadi ketidakpatuhan.

Sauh Kitab Suci
Perjanjian Lama
"Sebelum Aku membentuk engkau dalam kandungan, Aku telah mengenal engkau... Aku telah menetapkan engkau menjadi nabi bagi bangsa-bangsa."
— Yeremia 1:5
Panggilan mendahului konflik.
Perjanjian Baru
"Karena kita ini buatan Allah, diciptakan dalam Kristus Yesus untuk melakukan pekerjaan baik, yang telah dipersiapkan

Allah sebelumnya."
— Efesus 2:10
Disimpan untuk tujuan tertentu.

Pelajaran
Ramai orang yang beriman itu ikhlas.
Jarang yang disengajakan.
Anda tidak diselamatkan untuk wujud.
Anda diselamatkan untuk melayani.
Tugasan mungkin bukan mimbar.
Ia mungkin keluarga. Ia mungkin perniagaan. Ia mungkin syafaat. Ia mungkin pengaruh.
Tapi awak ada satu.
Jika Tuhan memeliharamu,
ada tujuan yang melekat di dalamnya.
Bahayanya bukanlah kehilangan keselamatan.
Bahayanya ialah membazirkan tugasan.

Soalan Refleksi

1. Apakah tugasan saya yang mungkin?
2. Ke mana beban saya sentiasa kembali?
3. Apakah bidang kepatuhan yang menakutkan saya?
4. Adakah saya telah bersikap pasif dengan tujuan?
5. Jika aku mati setelah hanya memenuhi satu perkara, apakah yang sepatutnya menjadi perkara itu?

Jawab dengan sengaja.

Perisytiharan
Berdiri dan isytiharkan:
"Saya ada tugasan.
Saya tidak akan membazirkan pemeliharaan. Saya akan meningkatkan standard dalam bidang saya. Saya menerima tanggungjawab."
Ulanginya dengan tegas.

Doa Berstruktur (45 Minit)

1. Ibadah (10 Minit)

Hormati Tuhan sebagai Pemanggil.

2. Inkuiri (15 Minit)

Tanya dengan jelas: "Apakah tugasan saya?"

3. Menyerah (10 Minit)

Persembahkan hidup anda sepenuhnya.

4. Keberanian (10 Minit)

Berdoalah untuk keberanian untuk taat.

Tutup dengan:

"Hantar saya."

HARI 32

Penetapan Semula Disiplin Strategik 7 Hari

Sauh Cerita

Pembentukan militan berjaya kerana ia berulang-ulang.
Kitaran solat bukanlah pilihan.
Puasa distrukturkan. Ketaatan dikuatkuasakan.
Selepas penyerahan diri, jika disiplin tidak dibina semula, struktur lama akan menuntut semula wilayah tersebut.
Anda tidak boleh menggantikan struktur yang kuat dengan pengabdian yang lemah.
Keamatan rohani memerlukan infrastruktur.
Kemandirian tanpa struktur mewujudkan keruntuhan pada masa hadapan.
Jadi disiplin mestilah disengajakan.
Tidak samar-samar.
Bukan emosi.
Diukur.
Dilindungi.
Diulang-ulang.

Sauh Kitab Suci
Perjanjian Lama
"Kemudian Daniel... pulang ke rumahnya... lalu berlutut tiga kali pada hari itu, berdoa dan mengucap syukur di hadapan Allahnya, seperti yang biasa dilakukannya sejak dahulu kala."
— Daniel 6:10
Krisis tidak membatalkan tempahan khas.
Perjanjian Baru
"Didiklah dirimu sendiri untuk mencapai kesalehan."
— 1 Timotius 4:7

Kesalehan tidak tumbuh secara tiba-tiba.

Model Tetapan Semula 7 Hari

Ini bukan legalisme.
Ia sedang membina semula asas.
Untuk 7 hari akan datang:

1 Waktu Solat Tetap

Satu jam tanpa gangguan setiap hari.
Minimum.
Tidak boleh dirunding.
Gunakan struktur 60 minit:

- 30 ibadah
- 10 kedaulatan
- 10 taubat
- 10 dekri

Tiada tugasan berbilang tugas.

2 Ketepuan Kitab Suci

Bacalah satu Injil sepenuhnya selama 7 hari.
Bukan secara sambil lewa.
Serlahkan.
Gariskan. Tulis nota.

3 Audit Integriti

Setiap malam bertanya :

- Adakah kehidupan peribadi saya sepadan dengan pengakuan saya?
- Di mana saya berkompromi?
- Adakah saya cepat patuh?

Tuliskan respons ringkas.

4 Disiplin Pertuturan

Tiada rungutan.
Tiada gosip. Tiada keterlaluan.
Tujuh hari menahan diri daripada bersuara.

5 Puasa
Sekurang-kurangnya satu puasa yang disengajakan selama 7 hari.
Bukan ritual.
Sengaja.

6 Pengurangan Digital
Kurangkan bunyi bising.
Hadkan media.
Hadkan penatalan.
Perhatian pengawal.

7 Akauntabiliti Harian
Maklumkan kepada seseorang yang dipercayai.
Laporan siap setiap hari.

Pelajaran
Hanyutan rohani adalah halus.
Disiplin adalah disengajakan.
Jika anda tidak menetapkan semula,
anda akan mengalami kemunduran.
Keamatan pudar.
Keselesaan merayap. Kompromi merundingkan.
Tetapi irama mengembalikan kelebihan.
Tujuh hari penetapan semula yang disengajakan
dapat memulihkan sensitiviti.

Soalan Refleksi

1. Di manakah disiplin saya telah lemah?
2. Tabiat apa yang perlu dibina semula dengan segera?
3. Adakah saya sanggup melindungi satu jam setiap hari?
4. Gangguan apa yang mesti dihilangkan?
5. Siapa yang boleh meminta saya bertanggungjawab?

Jawab secara praktikal.

Perisytiharan

Berdiri dan isytiharkan:
"Aku memilih iman yang berdisiplin.
Aku menolak agama Kristian yang biasa-biasa sahaja. Aku akan membina semula struktur. Aku tidak akan hanyut."
Ulanginya perlahan-lahan.

Doa Berstruktur (45 Minit)
1. Ibadah (10 Minit)
Hormatilah Tuhan sebagai orang yang layak menerima pengabdian yang berdisiplin.
2. Taubat (10 Minit)
Akui bahagian-bahagian kemalasan.
3. Penjajaran (15 Minit)
Minta kekuatan untuk melengkapkan penetapan semula.
4. Pengedapan (10 Minit)
Berikan komitmen untuk 7 hari akan datang dengan kuat.
Tutup dengan:
"Saya akan selesaikan tetapan semula ini."

Titik Tindakan

1. Tulis jadual 7 hari anda malam ini.
2. Hilangkan satu gangguan utama dengan segera.
3. Maklumkan kepada rakan akauntabiliti anda.
4. Mulakan esok pagi tanpa berlengah.
5. Penyiapan trek dengan ketara.

HARI 33

Deklarasi Kesetiaan

Sauh Cerita

Dia telah melintasi garisan.
Daripada kepercayaan yang diwarisi
Kepada kepercayaan yang diserahkan.
Daripada pembentukan
kepada konfrontasi.
Daripada penganiayaan
Kepada pemeliharaan.
Daripada godaan
Kepada suruhanjaya.
Daripada terus hidup
Kepada disiplin.
Pada satu ketika, kesetiaan berhenti menjadi perasaan dalaman.
Ia menjadi perjanjian yang diisytiharkan.
Apabila askar berikrar taat setia,
ia diucapkan.
Apabila perjanjian dibuat dalam Kitab Suci,
ia diungkapkan secara lisan.
Kesetiaan mesti dizahirkan.
Kerana apa yang anda tidak nyatakan,
anda akan rundingkan semula.

Sauh Kitab Suci
Perjanjian Lama
"Tetapi aku dan keluargaku, kami akan beribadah kepada TUHAN."
— Yosua 24:15
Perisytiharan awam memeterai keputusan persendirian.

Perjanjian Baru

"Jika kamu mengaku dengan mulutmu, Yesus Kristus, sebagai Tuhan dan percaya dalam hatimu,...kamu akan diselamatkan."

— Roma 10:9

Kepercayaan dalaman.

Pengakuan luaran.

Pelajaran

Anda tidak boleh hanyut jika anda mengisytiharkan perjanjian dengan jelas.

Tetapi jika komitmen anda masih belum ditentukan,
ia masih boleh dirundingkan.

Pengisytiharan kesetiaan melakukan empat perkara:

1. Ia menjelaskan identiti.
2. Ia menutup retret.
3. Ia membungkam rundingan.
4. Ia mewujudkan akauntabiliti.

Musuh tidak boleh dengan mudah menggoda apa yang telah dimeteraikan.

Anda mesti mengatakan dengan jelas:

Siapakah dirimu.

Apa yang kau tolak. Apa yang kau komitmenkan. Apa yang kau tidak akan berkompromi.

Deklarasi Kesetiaan

Berdiri.

Katakan ini perlahan-lahan:

"Aku milik Yesus Kristus.

Kesetiaanku telah ditetapkan. Aku tidak akan kembali berkompromi. Aku tidak akan hidup berpecah belah. Aku akan meningkatkan taraf hidupku. Aku akan berjalan dengan disiplin. Aku menerima tugasanku. Aku menolak kemunafikan. Aku menolak berundur. Hidupku dipelihara untuk tujuan. Hanya untuk maju ke hadapan."

Jeda.
Ulanginya sekali lagi.

Soalan Refleksi

1. Pernahkah saya mengikrarkan kesetiaan saya secara lisan?
2. Apakah bahagian dalam hidup saya yang masih perlu dirundingkan?
3. Adakah tabiat harian saya sepadan dengan deklarasi saya?
4. Siapa tahu kesetiaanku telah ditetapkan?
5. Jika diuji secara terbuka, adakah saya akan tahan?

Tulis dengan jelas.

Doa Berstruktur (45 Minit)
1. Ibadah (10 Minit)
Hormatilah Kristus sebagai Tuhan.
2. Perisytiharan (10 Minit)
Ulangi kesetiaan anda dengan kuat.
3. Menyerah Diri (15 Minit)
Tawarkan masa depan, rancangan, cita-cita anda.
4. Pemeteraian (10 Minit)
Mohon Roh Kudus untuk menguatkan perjanjian.
Tutup dengan:
"Kesetiaan saya telah termeterai."

Titik Tindakan

1. Tuliskan pengisytiharan kesetiaan anda dalam jurnal anda.
2. Sebutkannya setiap hari selama 7 hari.
3. Beritahu seseorang yang rapat dengan anda tentang komitmen anda.
4. Buang satu kompromi dengan segera.
5. Semak semula deklarasi ini setiap bulan

HARI 34

Berdiri dalam Kewibawaan

Sauh Cerita

Selepas menyerah diri.
Selepas penganiayaan.
Selepas pemeliharaan.
Selepas komisen.
Autoriti tidak lagi bersifat teori.
Apabila peluru tidak menembaknya sehingga tertembak.
Ketika para pengiring menjaganya.
Apabila dia terus berdakwah di bawah ancaman.
Pihak berkuasa menjadi kelihatan.
Tidak bising.
Tapi dah settle.
Kewibawaan bukanlah kelantangan.
Autoriti adalah penjajaran.
Anda tidak mendapat autoriti dengan menjerit.
Anda memperoleh kuasa dengan menyerah kalah.

Sauh Kitab Suci
Perjanjian Lama
"Lihatlah, Aku telah memberikan kepadamu kuasa... atas segala kuasa musuh."
— Lukas 10:19 (pemenuhan pola wewenang kenabian)
(Kami berpegang teguh pada ini tetapi memasukkan OT dengan jelas :)
“Lalu berkatalah Daud kepada orang Filistin itu… Aku datang kepadamu dengan nama TUHAN semesta alam.”
— 1 Samuel 17:45
Kekuasaan adalah berdasarkan perjanjian.

Perjanjian Baru
"Kepada-Ku telah diberikan segala kuasa... Pergilah."
— Matius 28:18–19
Kewibawaan datang daripada Kristus — bukan diri sendiri.

Pelajaran
Terdapat tiga jenis orang yang beriman:
1. Orang yang beriman tanpa autoriti — takut dan reaktif.
2. Orang percaya yang meniru pihak berkuasa — lantang tetapi tidak stabil.
3. Orang percaya yang berjalan dalam otoritas — tenang tetapi tidak tergoyahkan.

Kewibawaan sejati datang daripada:
- Hati nurani yang bersih.
- Kepatuhan yang konsisten.
- Kehidupan doa yang tersusun.
- Kesetiaan yang dimeteraikan.
- Tugasan yang jelas.

Anda tidak boleh membuang ketakutan jika anda hidup berpecah belah.
Anda tidak boleh berdiri teguh jika anda berunding secara tertutup.
Kekuasaan adalah sejajar dengan pemerintahan syurga.
Dan kuasa dilaksanakan melalui:
- Perkataan.
- Keputusan.
- Sempadan.
- Kehadiran.

Soalan Refleksi
1. Adakah saya faham autoriti rohani saya?
2. Di manakah aku harus bertindak malu-malu sedangkan aku sepatutnya berdiri teguh?
3. Adakah terdapat kompromi tersembunyi yang melemahkan keyakinan saya?

4. Adakah saya melaksanakan autoriti dengan bertanggungjawab?
5. Adakah kehidupan doa saya mencerminkan seseorang yang mengetahui kedudukan mereka?

Jawab dengan jujur.

Perisytiharan

Berdiri dan isytiharkan:

"Aku berdiri di dalam kekuasaan Kristus.

Aku selaras dengan pemerintahan syurga. Aku tidak akan berundur. Aku tidak akan menyalahgunakan kekuasaan. Aku berjalan dengan penuh disiplin dan keyakinan."

Ulang dengan tegas.

Doa Berstruktur (45 Minit)

1. Ibadah (10 Minit)

Hormati Kristus sebagai Raja.

2. Penjajaran (15 Minit)

Berdoalah untuk hati yang bersih dan integriti.

3. Penegasan (10 Minit)

Isytiharkan Kitab Suci sepanjang hidup anda.

4. Tanggungjawab (10 Minit)

Mintalah kebijaksanaan untuk memikul autoriti dengan rendah hati.

Tutup dengan:

"Saya berdiri teguh."

Titik Tindakan

1. Kenal pasti satu bidang di mana anda mesti menggunakan autoriti rohani.
2. Buang sebarang kompromi yang melemahkan kedudukan anda.
3. Ucapkan Kitab Suci di atas persekitaran anda.
4. Kuatkan disiplin solat anda hari ini.
5. Berjalanlah dengan penuh kesedaran tentang identiti anda dalam Kristus.

HARI 35

Daya Tahan Melebihi Intensiti

Sauh Cerita

Api marak dengan kuat.
Penglihatan itu sangat kuat.
Pertemuan di hotel itu sengit.
Tembakan itu sengit.
Pemindahan itu sengit.
Tetapi keamatan itu sementara.
Ketahanan adalah sepanjang hayat.
Selepas media pudar.
Selepas pengiring kembali normal. Selepas ancaman berkurangan. Selepas orang ramai beredar.
Anda ditinggalkan dengan hari-hari biasa.
Dan hari-hari biasa menentukan umur panjang.
Ramai yang bermula dengan kuat.
Sedikit sahaja yang kekal stabil.
Daya tahan tidak dramatik.
Ia adalah pengulangan yang berdisiplin.

Sauh Kitab Suci
Perjanjian Lama
"Marilah kita berlari dengan tekun dalam perlombaan yang diwajibkan bagi kita."
— Ibrani 12:1
Perlumbaan bukanlah larian pecut.
(Ia mencerminkan ketekunan Perjanjian Lama yang digenapi dalam Kristus.)
Juga:
"Walaupun ia berlambat-lambat, nantikanlah ia."
— Habakuk 2:3
Kelewatan menguji stamina.

Perjanjian Baru

"Barangsiapa bertahan sampai kesudahannya akan diselamatkan."

— Matius 24:13

Bukan dia yang mula lantang.
Dia yang bertahan.

Pelajaran

Daya tahan dibina melalui:

- Doa harian.
- Kepatuhan yang konsisten.
- Menolak kesalahan.
- Menjaga hatimu.
- Melindungi kesucian.
- Kekal ditanam.

Keruntuhan rohani jarang berlaku secara tiba-tiba.
Ia terhakis perlahan-lahan.
Ketahanan melindungi panggilan.
Awak tak tahan dengan emosi.
Anda bertahan mengikut irama.
Awak tak tahan dengan pujian orang ramai.
Anda bertahan melalui disiplin peribadi.
Jika anda tidak dapat bertahan dalam kebosanan,
anda tidak dapat bertahan dalam jangka masa panjang.

Soalan Refleksi

1. Adakah saya mencari keamatan lebih daripada kestabilan?
2. Bagaimana saya akan bertindak balas apabila rasa teruja itu hilang?
3. Disiplin apakah yang melindungi perjalanan jangka panjang saya?
4. Adakah saya membina tabiat yang boleh bertahan selama 20 tahun?
5. Jika penganiayaan kembali esok, adakah saya masih akan bertahan?

Jawablah dengan mendalam.

Perisytiharan
Berdiri dan isytiharkan:
"Aku akan bertahan.
Aku tidak akan keletihan. Aku tidak akan hanyut.
Aku akan kekal konsisten.
Keyakinanku adalah jangka panjang."
Ulanginya perlahan-lahan.

Doa Berstruktur (45 Minit)
1. Ibadah (10 Minit)
Hormatilah Kristus sebagai orang yang setia.
2. Kekuatan (15 Minit)
Mintalah stamina rohani.
3. Perlindungan (10 Minit)
Berdoalah untuk melawan hanyutan perlahan.
4. Komitmen (10 Minit)
Bertekad untuk mematuhi jangka masa yang lama.
Tutup dengan:
"Saya akan selesaikan dengan baik."

Titik Tindakan
1. Memperkukuhkan satu disiplin jangka panjang.
2. Buang satu corak yang membawa kepada keletihan.
3. Rehatlah dengan sengaja tanpa menarik diri secara rohani.
4. Baca Ibrani 12 perlahan-lahan.
5. Rancang 30 hari anda yang seterusnya secara rohani.

HARI 36

Kesucian sebagai Perlindungan

Sauh Cerita

Peluru tidak menamatkannya.
Ancaman itu tidak membungkamkannya.
Pembangkang tidak merosakkannya.
Tetapi sesuatu yang jauh lebih berbahaya boleh memusnahkan segala-galanya secara senyap:
Kompromi persendirian.
Tiada pengiring yang dapat melindungi anda daripada dosa rahsia.
Tiada campur tangan presiden yang dapat memelihara integriti.
Tiada pemindahan perubatan yang dapat menyembuhkan keruntuhan moral.
Ancaman terbesar jarang sekali datang dari luar.
Ia adalah hakisan dalaman.
Kekudusan bukanlah legalisme.
Ia adalah perlindungan rohani.
Apabila hati nurani bersih,
autoriti akan kekal kuat.
Apabila hati berbelah bahagi,
keyakinan akan menjadi lemah.
Musuh gagal melalui keganasan.
Dia akan cuba melakukan rasuah.

Sauh Kitab Suci
Perjanjian Lama
"Siapakah yang boleh naik ke bukit TUHAN? ... Dia yang bersih tangan dan murni hatinya."
— Mazmur 24:3–4
Akses memerlukan kesucian.

Perjanjian Baru

"Kejarlah ... kekudusan, kerana tanpa kekudusan itu tidak seorang pun akan melihat Tuhan."

— Ibrani 12:14

Kesucian bukanlah pilihan.

Pelajaran

Kesucian melindungi dalam tiga cara:

1. Ia memelihara autoriti.
2. Ia melindungi kredibiliti.
3. Ia menjamin impak generasi.

Penganiayaan mungkin mengangkat darjat anda.

Dosa akan membatalkan kelayakan anda.

Kisah paling tragis bukanlah kisah mereka yang diserang.

Mereka adalah mereka yang telah dipelihara — tetapi kemudiannya dikompromikan.

Kesucian bukan tentang ketakutan.

Ia adalah tentang penjajaran.

Ia menjaga:

- Perkahwinan anda.
- Kementerian anda.
- Anak-anak anda.
- Pengaruh anda.
- Kedamaian anda.

Kesucian adalah kewaspadaan setiap hari.

Bukan intensiti sekali-sekala.

Soalan Refleksi

1. Adakah terdapat sebarang kompromi tersembunyi dalam hidup saya?
2. Apakah corak peribadi yang boleh melemahkan autoriti saya?
3. Adakah pendedahan akan merosakkan kredibiliti saya?

4. Adakah saya menganggap kesucian sebagai sesuatu yang sambil lewa?
5. Apakah batasan yang mesti saya perkukuhkan?

Jawab tanpa persembahan.

Perisytiharan

Berdiri dan isytiharkan:

"Aku mengejar kesucian.
Kehidupan peribadiku akan kekal bersih. Aku menjaga hatiku.
Aku menolak kompromi rahsia. Kesucian melindungi tugasanku."

Ulang perlahan-lahan.

Doa Berstruktur (45 Minit)

1. Ibadah (10 Minit)

Hormatilah Tuhan sebagai kudus.

2. Pemeriksaan (15 Minit)

Minta pendedahan kompromi tersembunyi.

3. Taubat (10 Minit)

Mengaku secara khusus.

4. Perlindungan (10 Minit)

Mohonlah kekuatan untuk menjaga hidup anda.

Tutup dengan:

"Jagalah hatiku."

Titik Tindakan

1. Singkirkan satu pengaruh yang berkompromi hari ini.
2. Memperkukuhkan akauntabiliti.
3. Jagalah kehidupan pemikiran anda dengan sengaja.
4. Bacalah Mazmur 24 perlahan-lahan.
5. Jadikan satu sempadan tidak boleh dirundingkan.

HARI 37

Apa yang Dibina oleh Daya Tahan Anda

Sauh Cerita

Cerita ini bukan sahaja tentang survival.
Ia adalah tentang apa yang dibina selepas terus hidup.
Kementerian diteruskan.
Gereja ditubuhkan.
Komuniti yang terjejas.
El- Buba Outreach Ministries International (EBOMI) berdiri sebagai kesinambungan berstruktur.
Keluarga masih makan bersama — berpecah belah kerana agama tetapi bukan kerana kebencian.
Saudara-mara Muslim dan Kristian di satu meja.
Khidmat kepada komuniti di mana ramai penerima manfaat masih beragama Islam.
Sekolah.
Sokongan pertanian. Menjaga golongan miskin dan tidak berkemampuan. Majoriti bukan Kristian.
Ketahanan membina jambatan.
Kesucian melindungi kredibiliti.
Konsistensi memperoleh kepercayaan.
Impak generasi memerlukan kestabilan.
Anda tidak membina legasi melalui keamatan.
Anda membinanya melalui daya tahan.

Sauh Kitab Suci
Perjanjian Lama
"Keturunan yang satu akan memuji perbuatan-perbuatan-Mu."
— Mazmur 145:4

Iman mesti disampaikan.

Perjanjian Baru

"Apa yang telah kaudengar daripadaku... percayakanlah itu kepada orang-orang yang setia, yang juga cakap mengajar orang lain."

— 2 Timotius 2:2

Empat generasi dalam satu ayat.

Pelajaran

Kesabaranmu bukan hanya untukmu.

Ia membina:

- Kestabilan untuk anak-anak anda.
- Percayalah kepada komuniti anda.
- Kredibiliti dalam persekitaran yang berpecah belah.
- Platform untuk pengaruh.

Jika moral anda runtuh,
generasi akan datang akan menanggung akibatnya.
Jika anda bertahan dengan setia,
generasi akan datang akan berdiri lebih kuat.
Kesucian mengekalkan warisan.
Daya tahan meluaskan pengaruh.
Hidupmu tidak terasing.
Ia bersifat turun-temurun.

Soalan Refleksi

1. Apakah yang akan diwarisi oleh anak-anak saya daripada perjalanan saya?
2. Apakah jenis model kerohanian yang sedang saya bina?
3. Adakah daya tahan saya menguatkan orang lain?
4. Jika saya berhenti hari ini, apakah legasi yang tinggal?
5. Siapa yang belajar daripada ketekalan saya?

Jawab dengan serius.

Perisytiharan

Berdiri dan isytiharkan:

"Hidupku akan membina kekuatan generasi.
Aku tidak akan runtuh. Aku akan bertahan dengan setia.
Ketaatanku akan hidup lebih lama daripada aku."
Ulang dengan tegas.

Doa Berstruktur (45 Minit)

1. Kesyukuran (10 Minit)
Bersyukurlah kepada Tuhan atas pengaruh hidup anda.

2. Visi (15 Minit)
Berdoa untuk kestabilan generasi akan datang.

3. Perlindungan (10 Minit)
Mohonlah kepada Tuhan untuk menjaga warisan anda.

4. Komisen (10 Minit)
Bertekad untuk menyelesaikannya dengan baik.

Tutup dengan:
"Ketaatanku akan berlipat ganda."

HARI 38

Kesetiaan Tersembunyi dalam Sistem Awam

Sauh Cerita

Selepas menyerah kalah.
Selepas penganiayaan. Selepas terselamat.
Dia tidak menghilang dalam pengasingan.
Dia tidak berundur sepenuhnya dari ruang Muslim.
Keluarga itu kekal berpecah belah dari segi agama —
tetapi tidak terputus hubungan.
Mereka masih makan bersama.
Ibu pernah berkhidmat di rumah yang sama sebelum syif penuh.
Abangnya memeluk agama Kristian semasa masih di bawah pengaruh agama Kristian. Pemuridan berlaku di dalam sistem.
Malah hari ini:
Melalui usaha jangkauan dan yayasan,
majoriti penerima manfaat adalah Muslim.
Sekolah.
Tanah pertanian. Sokongan untuk golongan miskin.
Perkhidmatan tidak bergantung pada penukaran.
Kesetiaan berubah.
Kehadiran kekal.
Ini adalah kematangan strategik.

Sauh Kitab Suci

Perjanjian Lama

"Dan begitulah jadinya, ketika Naaman kembali... katanya... dalam hal ini kiranya TUHAN mengampuni hambamu ini: apabila tuanku masuk ke dalam kuil Rimon ... dan aku sujud menyembah."

— 2 Raja-raja 5:18

Kesetiaan Naaman berubah.

Persekitarannya tidak berubah serta-merta.

Juga:

"Daud tinggal bersama Akhis, raja Gat."

— 1 Samuel 27:3

Lelaki perjanjian.

Wilayah asing.

Perjanjian Baru

"Adalah seorang Farisi bernama Nikodemus..."

— Yohanes 3:1

Kesetiaan tersembunyi.

Pemasaan strategik.

Dan:

"Yusuf dari Arimatea... seorang murid Yesus, tetapi secara sembunyi-sembunyi kerana takut kepada orang Yahudi."

— Yohanes 19:38

Tersembunyi bukan bermaksud tidak beriman.

Pelajaran

Tidak semua ketaatan itu lantang.

Tidak semua kesetiaan memerlukan pengekstrakan segera.

Sesetengah tugasan memerlukan:

- Kehadiran strategik.
- Kesinambungan hubungan.
- Kecerdasan emosi.
- Kesabaran.

Jika setiap orang yang memeluk agama Kristian serta-merta meninggalkan persekitaran,

jambatan itu akan runtuh.

Pemuridan tersembunyi bukanlah kompromi —

jika kesetiaan ditetapkan secara dalaman.

Bahayanya ialah kesetiaan yang berpecah belah.
Tetapi kesetiaan yang tetap boleh wujud di dalam sistem yang kompleks.
Ini memerlukan kematangan.
Bukan rasa tidak selamat.

Soalan Refleksi

1. Adakah saya terpanggil untuk berundur — atau kekal secara strategik?
2. Adakah kehadiran saya dalam persekitaran tertentu merupakan satu kompromi atau tugasan?
3. Adakah saya tahu perbezaan antara ketakutan dan kebijaksanaan?
4. Di mana saya boleh mempengaruhi tanpa mengumumkan?
5. Adakah kesetiaan saya telah diselesaikan secara dalaman?

Jawab dengan teliti.

Perisytiharan

Berdiri dan isytiharkan:
"Kesetiaan saya telah ditetapkan.
Kehadiran saya akan bersifat strategik. Saya tidak akan berkompromi. Saya akan mempengaruhi dengan bijak. Saya akan kekal di tempat yang memerlukan tugasan."
Ulang perlahan-lahan.

Doa Berstruktur (45 Minit)

1. Ibadah (10 Minit)

Hormatilah Tuhan sebagai yang berdaulat dalam semua persekitaran.

2. Kebijaksanaan (15 Minit)

Minta kejelasan di mana hendak kekal dan di mana hendak berundur.

3. Integriti (10 Minit)

Berdoalah untuk kesetiaan yang mantap di dalam sistem awam.

4. Komisen (10 Minit)
Tawarkan diri anda untuk penempatan strategik.
Tutup dengan:
"Letakkan saya dengan bijak."

Titik Tindakan

1. Kenal pasti persekitaran di mana anda mesti menjadi garam dan cahaya.
2. Buang sebarang persekitaran yang menyebabkan kompromi.
3. Kuatkan keyakinan dalaman sebelum pengaruh awam.
4. Kajilah Naaman dan Nikodemus dengan teliti.
5. Berdoalah untuk kebijaksanaan dalam konteks yang berpecah-belah.

Kita sekarang berada di pinggir.
Hari ke-39 akan memeteraikan perjanjian sepenuhnya.
Hari ke-40 akan menerima komisen.

HARI 39

Perjanjian Kesetiaan

Sauh Cerita

Dia beralih daripada kepercayaan yang diwarisi kepada kepercayaan yang dipilih.
Dia menghadapi api.
Dia berhadapan dengan peluru.
Dia menghadapi kekecewaan.
Dia menghadapi godaan untuk kembali.
Dia dihadapkan — "Kita sudah keterlaluan."
Dia telah ditugaskan — "Anda mempunyai tugasan."
Dia membina semula disiplin.
Dia berdiri di bawah perlindungan.
Dia kekal hadir di ruang-ruang yang terbahagi.
Sekarang yang tinggal hanyalah ini:
Perjanjian.
Bukan emosi.
Bukan pengalaman.
Perjanjian.
Di seluruh Kitab Suci, apabila manusia berjalan secara mendalam dengan Tuhan, mereka memeteraikan perjanjian.
Yosua mengisytiharkannya.
Daud melindunginya.
Daniel menjaganya.
Paul selesai di bawahnya.
Perjanjian menutup rundingan.

Sauh Kitab Suci
Perjanjian Lama
"Kemudian Yosua mengikat perjanjian dengan bangsa itu pada hari itu…"
— Yosua 24:25
Keputusan menjadi mengikat.
Juga:
"Sebab itu ketahuilah olehmu, bahawa TUHAN, Allahmu, Dialah Allah, Allah yang setia, yang memegang perjanjian..."
— Ulangan 7:9
Tuhan menghormati perjanjian.

Perjanjian Baru
"Cawan ini adalah perjanjian baru yang dimeteraikan oleh darah-Ku..."
— Lukas 22:20
Kesetiaan yang dimeteraikan dengan pengorbanan.
Dan:
"Aku telah mengakhiri pertandingan yang baik, aku telah mencapai garis akhir, aku telah memelihara iman."
— 2 Timotius 4:7
Perjanjian dikekalkan hingga akhir.

Pelajaran
Perjanjian bukanlah semangat.
Ia adalah niat yang mengikat.
Ia menjawab empat soalan:

1. Saya milik siapa?
2. Apa yang saya tolak?
3. Apa yang saya komited?
4. Apa yang tidak akan saya rundingkan semula?

Tanpa perjanjian, disiplin akan lenyap.
Tanpa perjanjian, ketahanan akan menjadi lemah.
Tanpa perjanjian, kekudusan dapat dirundingkan.
Perjanjian menetapkan identiti.
Ini bukan tentang prestasi.

Ia mengenai kesetiaan yang telah ditetapkan.
Anda sama ada:
Kadangkala komited
Atau berlabuh secara perjanjian .
Perjanjian mengharungi ribut.

Pernyataan Perjanjian

Anda akan menulis ini dengan kata-kata anda sendiri.
Tetapi inilah rangka kerjanya:
"Aku sepenuhnya milik Yesus Kristus.
Kesetiaanku adalah eksklusif. Aku meninggalkan kesetiaan yang berbelah bahagi. Aku meninggalkan kompromi tersembunyi. Aku menerima tugasanku. Aku komited kepada pengabdian yang berdisiplin. Aku komited kepada kekudusan. Aku komited kepada ketahanan. Aku tidak akan kembali kepada corak lama. Aku memeteraikan perjanjian ini di hadapan Tuhan."
Tuliskannya.
Tandatanganilah.
Tarikhkannya.
Simpanlah.

Soalan Refleksi

1. Adakah iman saya bersifat perjanjian atau emosi?
2. Apa yang telah saya tinggalkan tidak ditakrifkan dalam komitmen saya?
3. Kawasan manakah yang masih berunding di bawah tekanan?
4. Adakah saya faham bahawa perjanjian membawa akauntabiliti?
5. Jika diuji secara terbuka, adakah perjanjian ini akan kekal?

Jawab dengan tenang.

Doa Berstruktur (60 Minit Hari Ini)

1. Ibadah (15 Minit)

Hormatilah Tuhan sebagai penjaga perjanjian.

2. Peperiksaan (15 Minit)
Mintalah kejelasan dalam setiap aspek kehidupan.
3. Perisytiharan (15 Minit)
Baca perjanjian anda dengan kuat perlahan-lahan.
4. Pemeteraian (15 Minit)
Mohon Roh Kudus untuk menguatkan tekad.
Tutup dengan:
"Perjanjian-Ku tetap teguh."

Titik Tindakan

1. Tulis dan tandatangani perjanjian anda hari ini.
2. Buang satu kompromi dengan segera.
3. Kongsikan perjanjian anda dengan seorang mukmin yang dipercayai.
4. Mengadakan semakan bulanan terhadap perjanjian ini.
5. Bacalah Yosua 24 dan Lukas 22 perlahan-lahan.

Kita kini berada di ambang terakhir.
Hari ke-40 tidak akan menjadi refleksi.
Ia akan ditugaskan.
Ia akan mengumpulkan:

- Kebakaran
- Pemeliharaan
- Tugasan
- Disiplin
- Daya Tahan
- Kesucian
- Perjanjian

Dan lepaskan awak ke hadapan.

HARI 40

Ditauliahkan Di Bawah Kebakaran

Bingkai Cerita

Seorang bapa mengangkat pedang.
Seorang ibu berdoa di dalam rumah yang sama.
Seorang saudara telah diserang dan dipelihara.
Seorang anak lelaki melihat api dari syurga menyambar mentornya.
Dia nampak neraka.
Dia melihat syurga — kota yang indah itu.
Dia terselamat daripada peluru.
Logam terkena kepalanya.
Darah mengalir.
Dia dianggap sudah mati.
Dia terpelihara.
Pengiring menjaganya.
Seorang presiden telah mengatur pemindahan perubatan.
Dia telah diperiksa — tiada kerosakan.
Dia hampir kembali.
Dia dihadapkan — "Kita sudah keterlaluan."
Dia telah ditugaskan — "Anda mempunyai tugasan."
Dia membina disiplin.
Dia menolak kemunafikan.
Dia bertahan.
Dia tetap suci.
Dia memeteraikan perjanjian.
Sekarang yang tinggal hanyalah ini:
Awak.

Sauh Kitab Suci
Perjanjian Lama
"Inilah aku. Utuslah aku."
— Yesaya 6:8
Pertemuan mesti membawa kepada penghantaran.
Perjanjian Baru
"Sama seperti Bapa mengutus Aku, demikian juga Aku mengutus kamu."
— Yohanes 20:21
Pemeliharaan menjadi misi.

Pelajaran Akhir
Perjalanan 40 hari ini bukanlah tentang kekaguman.
Ia adalah tentang transformasi.
Bukan tentang bercerita.
Tetapi tentang penjajaran.
Api itu nyata.
Penganiayaan itu nyata.
Godaan itu nyata.
Pemeliharaan itu nyata.
Tetapi realiti yang lebih besar ialah:
Tuhan menggerakkan langit dan bumi untuk satu kehidupan yang diserahkan.
Jika anda telah melalui 40 hari ini dengan sengaja:
Awak tak sama.
Anda kini faham:

- Kesetiaan itu serius.
- Kesucian melindungi.
- Disiplin mengekalkan.
- Daya tahan itu penting.
- Meterai perjanjian.
- Tugasan memerlukan tindakan.

Anda tidak boleh menghabiskan perjalanan ini dan kekal santai.
Komisen bukanlah pilihan.
Ia adalah akibat semula jadi daripada penyerahan diri.

Penyata Suruhanjaya
Berdiri.
Katakan ini perlahan-lahan:
"Aku ditugaskan di bawah api.
Aku akan hidup berdisiplin. Aku akan berjalan dalam kekudusan. Aku akan bertahan dengan setia. Aku akan meningkatkan standard. Aku akan mempengaruhi secara strategik. Aku tidak akan kembali. Kesetiaanku termeterai. Tugasanku aktif. Utuslah aku."
Jeda.
Cakap sekali lagi.

Refleksi Sebelum Pelepasan

1. Apa yang telah berubah dalam diri saya selama 40 hari ini?
2. Disiplin apakah yang mesti kekal tidak boleh dirundingkan?
3. Tugasan apa yang perlu saya lakukan dengan segera?
4. Persekitaran apa yang mesti saya pengaruhi?
5. Jika penganiayaan kembali, adakah saya akan bertahan?

Tulis jawapan anda.

Doa Berstruktur Akhir (60 Minit)
1. Ibadah (15 Minit)
Hormatilah Kristus sebagai Tuhan dalam hidup anda.
2. Kesyukuran (10 Minit)
Bersyukurlah kepada-Nya atas pemeliharaan-Nya.
3. Pengabdian (15 Minit)
Persembahkan badan, masa, sumber anda.

4. Syafaat (10 Minit)
Berdoalah agar seorang bertemu dengan Kristus.
5. Komisen (10 Minit)
Terima tugasan anda secara lisan.
Tutup dengan:
"Saya pergi ke hadapan."

Langkah Tindakan Akhir

1. Kekalkan struktur harian selama 60 minit.
2. Semak perjanjian anda setiap bulan.
3. Jaga kesucian.
4. Bina orang lain.
5. Kekal bertanggungjawab.
6. Hanyutan sampah.
7. Selesaikan dengan baik.

Caj Penutupan
Anda tidak memerlukan api dari syurga.
Anda tidak memerlukan peluru untuk membuktikan panggilan.
Anda tidak memerlukan pengiring untuk mengesahkan tugasan.
Anda perlukan:
Kesetiaan yang tetap.
Disiplin yang berstruktur. Kesucian yang berterusan.
Ketahanan yang teguh.
Syurga bergembira atas seseorang.
Jadilah itu.
Ke hadapan sahaja.

HALAMAN PENUTUP

Caj Akhir kepada Pembaca

Engkau telah berjalan melalui api.
Anda telah melihat:
Kemarahan seorang ayah.
Syafaat senyap seorang ibu. Seorang abang hampir dipukul.
Seorang mentor yang diliputi gangguan syurgawi. Visi neraka.
Sekilas pandang kota emas syurga. Peluru. Darah.
Pemeliharaan. Pengiring. Suruhanjaya. Disiplin. Kesucian.
Perjanjian.
Tetapi buku ini tidak pernah mengisahkan tentang seorang lelaki.
Ia adalah tentang kesetiaan.
Ia adalah tentang apa yang berlaku apabila kebenaran mengganggu tradisi.
Ia tentang apa yang terselamat apabila api jatuh.
Ia tentang apa yang tinggal apabila suasana berundur berbisik.
Jika anda telah sampai sejauh ini, anda bukan lagi penonton.
Anda bertanggungjawab atas apa yang anda tahu sekarang.
Syurga bergerak untuk satu.
Jadilah itu.
Jangan mengagumi keberanian.
Bina ia.
Jangan belajar disiplin.
Amalkannya.
Jangan meraikan kesucian.
Kejarlah ia.
Jangan bincangkan perjanjian.
Tutupkannya.
Kamu tidak dipanggil untuk hidup sambil lewa.
Kamu dipanggil untuk hidup dengan penuh kesedaran.
Ke hadapan sahaja.

PANGGILAN UNTUK BERTINDAK

Perkongsian untuk Hasil Tuaian

Semasa anda menutup buku ini, kami menjemput anda untuk meneruskan perjalanan ini selangkah lebih maju—bukan sahaja dalam kehidupan anda sendiri, tetapi juga dalam kehidupan ramai jiwa di seluruh negara.
Jika pesanan daripada God's Eagle Ministries (GEM) telah menguatkan, menyedarkan, atau menyelaraskan semula hati anda, kami dengan rendah hati meminta anda untuk mempertimbangkan dengan penuh doa untuk **bekerjasama dengan kami demi tuaian** . Dunia dahagakan kebenaran, harapan, dan suara Roh Kudus yang lembut namun tidak dapat disangkal, dan bersama-sama kita dapat meletakkan pesanan ini di tempat yang paling diperlukan.
Kami percaya media lebih daripada sekadar teknologi—ia adalah **jaring rohani** yang dicampakkan jauh ke dalam negara, kampung, bandar dan tempat tersembunyi. Melalui filem, video, radio dan pelayanan digital, GEM menjangkau orang yang mungkin tidak pernah memasuki gereja, tetapi hati mereka terbuka luas untuk bertemu dengan Kristus yang hidup.

Kerjasama anda membantu kami:

1. Menghasilkan Kandungan Filem & Video yang Penuh Semangat
Kisah dan ajaran yang menyembuhkan, memberi inspirasi, dan mendedahkan kasih Yesus dengan cara yang jelas, mudah difahami dan mengubah hidup.

2. Siarkan Injil di Radio

Membawa Firman Tuhan ke penjara, hospital, komuniti luar bandar, dan tempat-tempat yang jauh di luar jangkauan internet—di mana harapan sukar didapati dan kebenaran berharga.

3. Luaskan Kempen Pengajaran & Pemuridan Media Sosial Kami
Renungan harian, doa, dan ajaran yang menguatkan orang percaya, memulihkan keluarga, dan melengkapi murid di seluruh dunia.

Mengapa Sokongan Anda Penting

Setiap mesej yang dilepaskan menjadi benih cahaya.
Setiap ajaran menjadi riak transformasi. Setiap tindakan kemurahan hati menjadi sebahagian daripada tuaian global Tuhan.
Pemberian anda membantu pelayanan ini menjangkau jiwa-jiwa yang mungkin tidak akan kita temui di bumi, tetapi pasti akan kita temui di keabadian. Tiada jumlah yang tetap—berilah hanya apabila Tuhan memimpin anda. Setiap pemberian, besar atau kecil, memainkan peranan dalam memajukan Kerajaan.

Untuk Menjadi Rakan Kongsi atau Memberi:
PayPal:
https://www.paypal.com/ncp/payment/D6NEFW56KG8LU
Perpuluhan.ly:
https://tithe.ly/give?c=308311

Flutterwave –
https://flutterwave.com/donate/bbkpkokehxlw

Semua Jalan Pemberian:
https://www.otakada.org/partnership-giving
Terima kasih kerana berdiri bersama kami.
Terima kasih kerana menyemai tuaian. Terima kasih kerana membantu kami membawa mesej Kristus kepada bangsa-bangsa.
Semoga Tuhan memberkati kamu dengan limpah, menambah kamu dengan limpah, dan melipatgandakan setiap benih yang kamu tabur untuk kemuliaan-Nya.
Dalam nama Yesus yang perkasa, Amin.

—Duta Isnin O. Ogbe , Zacharias Godseagle ; Selesa Ladi Pengasas Ogbe
, Kementerian Helang Tuhan (GEM)
www.otakada.org

Bagaimana untuk Dilahirkan Semula dan Memulakan Kehidupan Baru bersama Kristus

Mungkin anda pernah berjalan bersama Yesus sebelum ini, atau mungkin anda baru sahaja bertemu dengan-Nya sepanjang 40 hari ini. Tetapi sekarang, sesuatu di dalam diri anda sedang bergejolak.

Kamu bersedia untuk lebih daripada sekadar agama.

Kamu bersedia untuk **menjalin hubungan** .

Kamu bersedia untuk berkata, "Yesus, aku memerlukan-Mu."

Inilah kebenarannya:

"Sebab semua orang telah berbuat dosa; kita semua telah gagal mencapai standar kemuliaan Allah... namun Allah, dalam rahmat-Nya, dengan cuma-cuma menjadikan kita benar di hadapan-Nya."

— Roma 3:23–24 (NLT)

Anda tidak boleh mendapatkan keselamatan.

Anda tidak boleh memperbaiki diri sendiri. Tetapi Yesus telah membayar harga penuh — dan Dia sedang menunggu untuk menyambut anda pulang.

Cara Dilahirkan Semula

Dilahirkan semula bermaksud menyerahkan hidup anda kepada Yesus — menerima pengampunan-Nya, percaya bahawa Dia telah mati dan bangkit semula, dan menerima-Nya sebagai Tuhan dan Penyelamat anda.

Ia mudah. Ia berkuasa. Ia mengubah segala-galanya.

Doakan Ini Dengan Kuat:

"Tuhan Yesus, aku percaya Engkaulah Anak Tuhan. Aku percaya Engkau telah mati untuk dosa-dosaku dan bangkit semula. Aku mengaku bahawa aku telah berdosa dan aku memerlukan pengampunan-Mu. Hari ini, aku bertaubat dan berpaling dari cara hidupku yang lama. Aku menjemput-Mu ke dalam hidupku untuk menjadi Tuhan dan Penyelamatku. Basuhlah aku

sehingga bersih. Penuhilah aku dengan Roh-Mu. Aku menyatakan bahawa aku dilahirkan semula, diampuni, dan bebas. Mulai hari ini dan seterusnya, aku akan mengikut-Mu —dan aku akan hidup dalam jejak langkah-Mu. Terima kasih kerana menyelamatkan aku. Dalam nama Yesus, amin."

Langkah Seterusnya Selepas Keselamatan

1. **Beritahu Seseorang** – Kongsikan keputusan anda dengan orang yang anda percayai.
2. **Cari Gereja Berasaskan Bible** – Sertai komuniti yang mengajar Firman Tuhan dan mengamalkannya. Lawati pelayanan God's Eagle dalam talian melalui https://www.otakada.org atau https://chat.whatsapp.com/H67spSun32DDTma8TLh0ov
3. **Dibaptis** – Ambil langkah seterusnya secara terbuka untuk mengisytiharkan iman anda.
4. **Bacalah Alkitab Setiap Hari** – Mulakan dengan Injil Yohanes.
5. **Berdoa Setiap Hari** – Bercakap dengan Tuhan sebagai seorang sahabat dan Bapa.
6. **Kekal Terhubung** – Kelilingi diri anda dengan orang yang menggalakkan perjalanan baharu anda.
7. **Mulakan Proses pemuridan dalam komuniti** – Bina hubungan secara individu dengan Yesus Kristus melalui pautan ini

Pemuridan 40 hari 1 - https://www.otakada.org/get-free-40-days-online-discipleship-course-in-a-journey-with-jesus/
40 Pemuridan 2 - https://www.otakada.org/get-free-40-days-dna-of-discipleship-journey-with-jesus-series-2/

Detik Penyelamatan Saya
Tarikh : ________________________

Tandatangan : _____________________

"Jika sesiapa ada di dalam Kristus, ia adalah ciptaan baru: yang lama sudah berlalu, sesungguhnya yang baru sudah datang!"
— 2 Korintus 5:17

Sijil Kehidupan Baharu dalam Kristus

Deklarasi Keselamatan – Dilahirkan Semula oleh Rahmat
Ini mengesahkan bahawa

____

(Nama Penuh)
telah mengisytiharkan secara terbuka **iman kepada Yesus Kristus**
sebagai Tuhan dan Penyelamat dan telah menerima anugerah keselamatan secara cuma-cuma melalui kematian dan kebangkitan-Nya.
"Jika kamu mengaku secara terbuka bahawa Yesus adalah Tuhan dan percaya dalam hatimu bahawa Tuhan telah membangkitkan Dia dari antara orang mati, kamu akan diselamatkan."
— Roma 10:9 (NLT)
Pada hari ini, syurga bergembira dan perjalanan baharu bermula.
Tarikh Keputusan : ________________________

Tandatangan : ______________________________

Deklarasi Keselamatan
"Hari ini, aku menyerahkan hidupku kepada Yesus Kristus. Aku percaya Dia mati untuk dosa-dosaku dan bangkit semula. Aku menerima-Nya sebagai Tuhan dan Penyelamatku. Aku diampuni, dilahirkan semula, dan dijadikan baharu. Mulai saat ini, aku akan berjalan di jejak-Nya."
Selamat datang ke Keluarga Tuhan!
Namamu tertulis dalam Kitab Kehidupan Anak Domba.
Kisahmu baru sahaja bermula — dan ia kekal.

BERHUBUNG DENGAN MINISTRI EAGLE TUHAN

- Laman web: www.otakada.org
- Siri Kekayaan Melampaui Kebimbangan: www.wealthbeyondworryseries.com
- Emel: ambassador@otakada.org

- **Sokong kerja ini:**

Sokong projek kerajaan, misi dan sumber global percuma melalui pemberian yang dipimpin oleh perjanjian.

Imbas Kod QR untuk Menderma

https://tithe.ly/give?c=308311

Kemurahan hati anda membantu kami menjangkau lebih ramai jiwa, menterjemahkan sumber, menyokong mubaligh dan membina sistem pemuridan di seluruh dunia. Terima kasih!

BIO Pengarang

Tentang Penulis - Nabi Dr Isa El-Buba Sadiq

Nabi Dr. Isa El- Buba Sadiq ialah pengasas dan pemimpin Evangelical Biblical Outreach Ministries International (EBOMI), yang beribu pejabat di Jos, Plateau State, Nigeria. Setelah dilatih secara mendalam dalam pembentukan militan Islam, hidupnya berubah secara radikal berikutan pertemuan ilahi yang mengalihkan kesetiaan dan misinya.

Hari ini, melalui EBOMI (www.ebomi.org), beliau menggerakkan dan melengkapkan orang percaya untuk berjalan dalam pengabdian yang berdisiplin, kekudusan, dan tanggungjawab kenabian sebagai penjaga dalam generasi mereka.

Impak kementerian ini melangkaui tembok gereja. Melalui inisiatif jangkauan, program pendidikan, pemerkasaan pertanian dan penjagaan golongan miskin dan tidak berkemampuan — kebanyakannya masih beragama Islam — kerja tersebut mencerminkan khidmat yang berakar umbi dalam keyakinan tanpa permusuhan.

Walaupun terdapat penganiayaan, percubaan pembunuhan dan ancaman, beliau terus meningkatkan piawaian kerohanian sambil membina jambatan merentasi komuniti yang berpecah belah — termasuk dalam keluarga besarnya sendiri.

Dia tetap komited untuk memulihkan mercu tanda purba, menguatkan pengawal, dan menyeru orang percaya kepada agama Kristian yang berdisiplin pada zaman yang serba kekurangan ini.

Bagi Mereka Yang Ingin Berinteraksi

Evangelical Biblical Outreach Ministries International (EBOMI)

: No. 1 Kashim Ibrahim Street, Jos, Plateau State, Nigeria

E-mel: ebomiglobal@gmail.comTelefon: 08082538837

Butiran pemberian dan saluran penyertaan boleh didapati secara umum melalui laman web rasmi kementerian. Suruhanjaya itu secara terbuka memperkenalkan dirinya sebagai:
"Sebuah pelayanan yang radikal, kenabian, dan berwibawa yang komited untuk menyebarkan Injil dan mengubah kehidupan."

Zacharias Godseagle

Pengarang • Guru • Pemimpin Berwawasan
Zacharias Godseagle ialah seorang guru Firman yang bersemangat dan suara yang arif kepada Tubuh Kristus. Membawa rahmat unik untuk wawasan rohani, Zacharias melayani dengan kejelasan, kedalaman kenabian, dan keinginan yang membara untuk melihat orang percaya berjalan dalam kesucian, kesalehan, dan penyerahan diri yang tulen kepada Kristus.
Sebagai rakan sekerja dalam kerja God's Eagle Ministries (GEM), beliau memainkan peranan penting dalam membentuk kandungan pemuridan, pencerahan kitab suci, dan jangkauan berasaskan media yang menyentuh kehidupan merentasi sempadan digital dan fizikal. Tulisan-tulisannya memberi tumpuan kepada transformasi dalaman, ketaatan, dan pemulihan Kristus ke takhta hati orang percaya.
Zacharias didorong oleh keyakinan yang mudah: **apabila hati sejajar, takdir juga sejajar.**
Beliau terus menjangkau khalayak di seluruh dunia melalui pengajaran, bimbingan dan projek kreatif yang dipenuhi Roh.

Duta Isnin O. Ogbe

Pengarang • Komunikator Mubaligh • Pengasas, God's Eagle Ministries (GEM)

Duta Isnin Oreojo Ogwuojo Ogbe ialah pengasas **God's Eagle Ministries (GEM)** — sebuah misi global dengan mandat untuk "menghubungkan manusia dengan Tuhan melalui Firman-Nya." Dikenali kerana keghairahannya yang mendalam terhadap kebenaran, penceritaan emosi, dan pengajaran kenabian, beliau melayani di seluruh negara melalui penulisan, podcasting, pembikinan filem, penginjilan digital, dan pemuridan.

Dengan latar belakang dalam kepimpinan, media dan misi, Ambassador Monday membawakan urapan merentas budaya yang bergema dari Afrika hingga Asia, Amerika, Eropah dan Timur Tengah. Ajarannya menghadapi pertempuran tersembunyi di hati orang percaya—ketamakan, pergelutan identiti, rasa puas diri secara rohani dan hakisan halus keintiman dengan Tuhan.

Beliau merupakan pengarang pelbagai renungan, siri buku dan ajaran multimedia yang menjangkau berjuta-juta orang melalui otakada.org dan platform digital GEM.

Pesanan hidupnya ringkas tetapi mendalam:

"Apabila Kristus duduk di tengah, segala-galanya akan mengambil tempat yang sepatutnya."

Comfort Ladi Ogbe

Pengarang • Pendoa Syafaat • Rakan Sekerja dalam Kementerian

Comfort Ladi Ogbe ialah seorang penulis, pendoa syafaat, dan rakan sekerja dalam tugasan Kerajaan Tuhan di bawah Kementerian Helang Tuhan. Dikurniakan dengan belas kasihan, kebijaksanaan, dan semangat yang memupuk, beliau membawa kedalaman emosi dan landasan rohani kepada setiap projek yang disentuhnya.

Sumbangannya—selalunya di sebalik tabir—membawa aroma kerendahan hati, kebijaksanaan, dan penyembuhan.

Keselesaan melayani melalui kaunseling, doa, pemuridan, dan kerjasama kreatif, terutamanya dalam karya yang menekankan

pemulihan keluarga, kematangan rohani, dan transformasi hati.
Sebagai seorang penulis, beliau menulis berdasarkan pengalaman hidup dan keyakinan rohani, menawarkan pembaca kejelasan, keselesaan, dan galakan untuk mengejar keutuhan dalam Kristus.
Comfort komited untuk membantu orang percaya mengalami Tuhan bukan sahaja dalam pengetahuan, tetapi juga dalam kehidupan seharian—di mana hati belajar untuk percaya, menyerah, dan berkembang.

Halaman Pengarang:
https://www.amazon.com/stores/Zacharias-Godseagle/author/B0FCZ89D4K

LAMPIRAN

Lampiran A

Model Doa Strategik 60 Minit

Model ini mesti diamalkan setiap hari — bukan sekali-sekala.

30 Minit — Ibadah

Fokus hanya pada siapa Tuhan itu:
- Kesucian-Nya
- Kedaulatannya
- Rahmat-Nya
- Keadilan-Nya
- Kewibawaannya

- Kesetiaannya

Tiada permintaan.

Tiada petisyen. Hanya rasa hormat.

10 Minit — Isytiharkan Kedaulatannya

Nyatakan secara lisan:

- Tuhan yang mengatur hidupku.
- Tuhan yang memerintah keluargaku.
- Tuhan yang menentukan panggilanku.
- Tuhan yang memerintah persekitaranku.
- Tuhan memerintah bangsaku.

Autoriti diperkukuhkan melalui deklarasi.

10 Minit — Taubat

Periksa:

- Sikap
- Pertuturan
- Motif
- Kompromi tersembunyi
- Kemalasan rohani

Mengaku secara khusus.

10 Minit — Dekri Sejajar Kerajaan

Isytiharkan penjajaran berasaskan Kitab Suci:

- Aku berjalan dalam kesucian.
- Saya hidup dengan penuh disiplin.
- Aku bertahan dengan setia.
- Saya memenuhi tugasan.
- Saya enggan berundur.

Janganlah menetapkan cita-cita yang mementingkan diri sendiri.

Selaraskan dengan Kitab Suci.

Lampiran B

Panduan Penetapan Semula Disiplin 7 Hari

Selama tujuh hari berturut-turut:

1. Satu jam doa berstruktur tanpa gangguan setiap hari.
2. Bacalah satu Injil sepenuhnya.
3. Audit integriti setiap malam.
4. Tiada gosip, rungutan, keterlaluan.
5. Sekurang-kurangnya satu puasa yang disengajakan.
6. Bunyi digital yang berkurangan.
7. Pemeriksaan akauntabiliti harian.

Tujuh hari membina semula sensitiviti.

Lampiran C

Templat Perjanjian Kesetiaan Peribadi

Tulis ini dengan tulisan tangan anda sendiri.

PERJANJIAN SETIA PERIBADI

Saya, ______________________________,
mengisytiharkan kesetiaan saya sepenuhnya dan eksklusif kepada Yesus Kristus.
Aku meninggalkan kesetiaan yang berbelah bahagi.
Aku menolak kompromi tersembunyi. Aku berkomitmen kepada kekudusan dalam kehidupan peribadi dan awam. Aku berkomitmen kepada doa yang berdisiplin. Aku berkomitmen kepada kesetiaan yang berkekalan. Aku menerima tugas ilahiku. Aku menolak berundur.
Aku memeteraikan perjanjian ini di hadapan Tuhan.
Tandatangan: ________________________
Tarikh: ________________________

BERKAT PASTORAL TERAKHIR

Semoga kesetiaanmu tak tergoyahkan.
Semoga disiplinmu konsisten. Semoga kekudusanmu menjaga masa depanmu. Semoga ketahananmu mengatasi intensiti.
Semoga tugasanmu dipenuhi. Semoga tiada peluru, tiada pengkhianatan, tiada kekecewaan, tiada kemunafikan, dan tiada bisikan balasan yang menarikmu kembali.
Semoga anda menamatkan perlumbaan anda.
Semoga syurga bergembira atasmu.
Ke hadapan sahaja.

BUKU & SUMBER YANG DISYORKAN

CS Lewis (1898-1963) -Kekristianan Semata-mata, Dijalani Sepenuhnya: Daripada Minda yang Enggan kepada Kehidupan yang Berubah (Surat-surat Hidup - Siri Renungan 40 Hari | Buku Buku 2)

E-buku

https://www.amazon.com/Lewis-1898-1963-Mere-Christianity-Fully-ebook/dp/B0GKQ27F9N

Kulit lembut
https://www.amazon.com/Lewis-1898-1963-Mere-Christianity-Fully/dp/B0GM8YMXC3

Kulit keras

https://www.amazon.com/Lewis-1898-1963-Mere-Christianity-Fully/dp/B0GM8WHXJL

ST. AUGUSTINE DARI HIPPO (354–430 M)
Dari Hati yang Gelisah kepada Kehidupan yang Tertulis - Surat-surat Hidup – Siri Renungan 40 Hari - 1

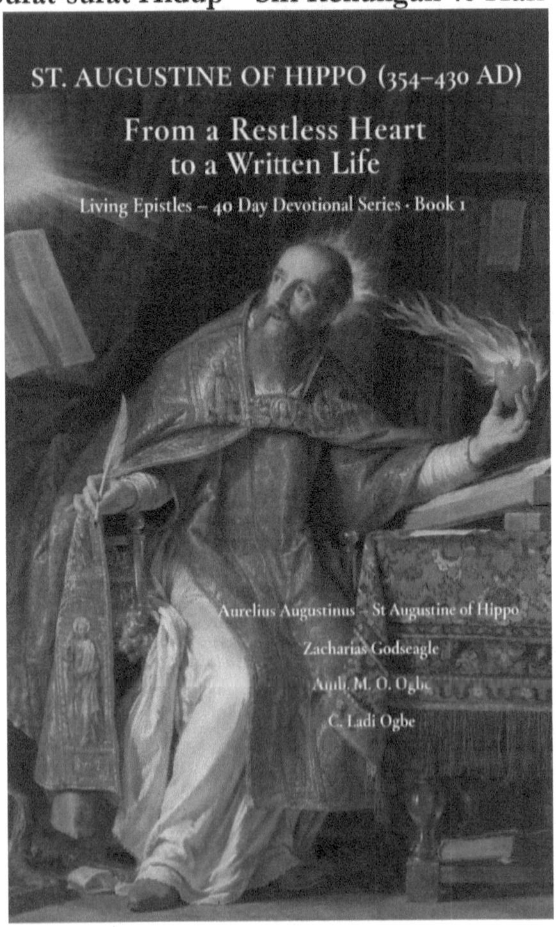

Pautan Ebook Amazon -
https://www.amazon.com/ST-AUGUSTINE-HIPPO-354-430-Devotional-ebook/dp/B0GJN8N9XS

Pautan pesanan Buku Kulit Paperback Amazon -
https://www.amazon.com/St-Augustine-Hippo-354-430-Devotional/dp/B0GJWTVLR6

Ingramspark -
https://shop.ingramspark.com/b/084?params=BZOOW3dj93aGEtBL2Fv1VY8wV1OQvA10dtZRDgk7Z9Z

IMBAS SAYA

PEMBAHARUAN 7
Sembuhkan Hati Rumah Anda dalam 7 Hari
Siri Pembaharuan – Edisi Perpaduan Keluarga

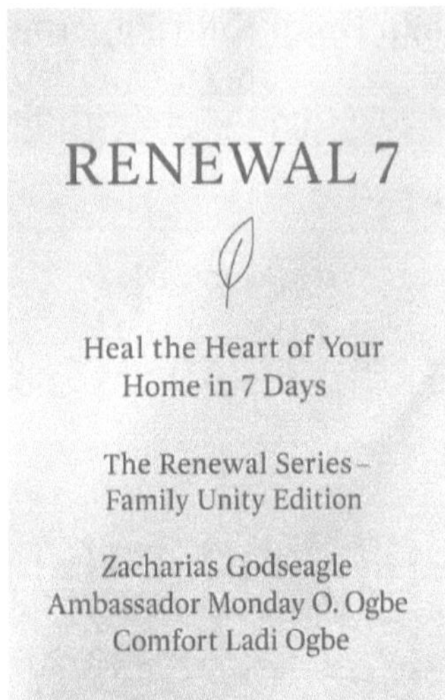

Pautan ke Buku Kulit Lembut - https://shop.ingramspark.com/b/084?params=htyfL002e1JzyEpZWkKtaXWF5FJ1jZFOjgiQKEfcbnw

Pautan ke Halaman Amazon Kulit lembut - https://www.amazon.com/RENEWAL-Heal-Heart-Your-Renewal/dp/B0GD92153W

Pautan ke Ebook Amazon –

https://www.amazon.com/RENEWAL-Heal-Heart-Your-Renewal-ebook/dp/B0G91BMFND

IMBAS SAYA –

Pembaharuan 7: Sembuhkan Hati Rumah Anda dalam 7 Hari

Siri Pembaharuan — Edisi Perpaduan Keluarga

Pautan ke Kulit Lembut -
https://shop.ingramspark.com/b/084?params=nSEElv9oUsItOu5akVZlg4ycGbbmvlBOtSiqeOZr5yQ

Pautan ke buku kulit lembut Amazon -
https://www.amazon.com/RENEWAL-MARRIAGE-Heart-Marriage-Renewal/dp/B0GDC1YZJ7

Pautan ke Ebook Amazon -
https://www.amazon.com/RENEWAL-MARRIAGE-Heart-Marriage-Renewal-ebook/dp/B0G6JXJWJL

Takhta hati – 12 pertempuran yang mesti kita menangi

E-buku Amazon -
https://www.amazon.com/THRONE-HEART-COVETOUSNESS-Counterfeit-CONTENTMENT-ebook/dp/B0G4SPFRY7

Kulit lembut Amazon -
https://www.amazon.com/THRONE-HEART-COVETOUSNESS-Counterfeit-CONTENTMENT/dp/B0G4TKW1ND

Kulit lembut daripada Ingramspark -
https://shop.ingramspark.com/b/084?params=a75LJXtvvI63VnzeQPleQTkAJWfu8CPQV6l5Oe31D80

Khutbah 4 dalam 1 oleh Zacharias Godseagle dengan pautan Audio –

Ebook Amazon - https://www.amazon.com/Sermons-Zacharias-Godseagle-Audio-links-ebook/dp/B0G4XCH4TW

Buku kulit lembut Amazon - https://www.amazon.com/Sermons-Zacharias-Godseagle-Audio-links/dp/B0G4TK4XGT

Pautan Ingram spark kulit lembut - https://shop.ingramspark.com/b/084?params=nK2JERskkbhdAOSNseTUNRhaCFqUPZuhB4uYfqrXvGb

KOD JEMAAH HAJI: Kebangkitan AI

E-buku - https://www.amazon.com/Logos-Protocol-Awakening-artificial-intelligence-ebook/dp/B0FXNQFSWZ

Kulit lembut - https://www.amazon.com/Logos-Protocol-Awakening-artificial-intelligence/dp/B0FXNGR66D

Kulit Keras - https://www.amazon.com/Logos-Protocol-Awakening-artificial-intelligence/dp/B0FZNTQR6Y

Ingramspark Kulit Lembut - https://shop.ingramspark.com/b/084?params=QkK4aNYTYO9U5z9uOkdHgc7Ue1eGDLqbb1tz9WRPaSk

Mengapa Pembebasan Gagal - dan Bagaimana Api Tuhan Memulihkan Jiwa: 40 Deklarasi Harian untuk Pembebasan Menyeluruh

E-buku - https://www.amazon.com/Why-Deliverance-Fails-Declarations-All-Round-ebook/dp/B0FW74L4G4

Kulit lembut - https://www.amazon.com/Why-Deliverance-Fails-Declarations-All-Round/dp/B0FWB3LXRM

Disclamatkan tetapi Hilang – Mualaf yang Tidak Bermurid – diterjemahkan ke dalam 25 bahasa

Kulit lembut
https://shop.ingramspark.com/b/084?params=iYNB6S3PLMfREpm0jMM15bMe3BvWlkjcYyLYnHVGAds
E-buku - https://www.amazon.com/SAVED-BUT-LOST-UNDISCIPLED-heartbreak-ebook/dp/B0FVJ29DF7

7 HARI PEPERANGAN & PEMULIHAN ROHANI - ini adalah Bahagian 1

Mengikat Musuh, Mengembalikan Anak Panah Tujuh Kali Lipat, dan Memulihkan Takdir Anda

https://shop.ingramspark.com/b/084?params=8mPzqUl73Ex7uPyeO7ydyt8EGkkB6u2gX1jZvWU8j1C

Pautan e-buku - https://www.amazon.com/DAYS-SPIRITUAL-WARFARE-RECOVERY-Returning-ebook/dp/B0FMPJM5KZ

7 HARI PEPERANGAN & PEMULIHAN ROHANI - Bahagian 2 - Memeteraikan Kemenangan, Mematahkan

Kejahatan Rumah Tangga, dan Memelihara Takdir Anda yang Dipulihkan

Kulit lembut -
https://shop.ingramspark.com/b/084?params=LkpNmGSsApHhWhiSO7bW3wFmcXQKIO4ZEBeSbP5rL1S

E-buku - https://www.amazon.com/DAYS-SPIRITUAL-WARFARE-RECOVERY-Wickedness-ebook/dp/B0FR9YCMY8

DARI KEGELAPAN KEPADA PENGUASAAN: 40 Hari untuk Membebaskan Diri daripada Cengkaman Kegelapan yang Tersembunyi

–

Renungan Global tentang Kesedaran, Pembebasan & Kuasa - Untuk Individu, Keluarga dan Negara yang Bersedia untuk Bebas

Kulit lembut

https://shop.ingramspark.com/b/084?params=aVgp21QfwJxNANkfMxIQ0yejuFCVY12KFr978SRkZUD

Amazon - https://www.amazon.com/DARKNESS-DOMINION-Devotional-Awareness-Deliverance-ebook/dp/B0FLDH2Y67

- *Disampaikan daripada Kuasa Kegelapan* **(Buku Kulit Paperback)** — Beli Di Sini | Ebook di Amazon

    - **Ulasan Teratas dari Amerika Syarikat:**
        - **Pelanggan Kindle** : "Bacaan Kristian Terbaik!" (5 bintang)

Puji Yesus atas kesaksian ini. Saya telah diberkati dan akan mengesyorkan setiap orang untuk membaca buku ini... Kerana upah dosa ialah maut tetapi kurnia Tuhan ialah hidup yang kekal. Shalom! Shalom!

- **Da Gster** : "Ini buku yang sangat menarik dan agak pelik." (5 bintang)

Jika apa yang dikatakan dalam buku itu benar, maka kita benar-benar ketinggalan jauh dalam apa yang mampu dilakukan oleh musuh! ... Satu kemestian bagi sesiapa sahaja yang ingin belajar tentang peperangan rohani.

- **Visa** : "Suka buku ini" (5 bintang)

Ini membuka mata... satu pengakuan yang benar... Baru-baru ini saya telah mencarinya di merata tempat untuk membelinya. Saya sangat gembira dapat mendapatkannya dari Amazon.

- **FrankJM** : "Agak berbeza" (4 bintang)

Buku ini mengingatkan saya betapa sebenar peperangan rohani itu. Ia juga mengingatkan saya tentang sebab untuk memakai "Seluruh Perisai Tuhan".

- **JenJen** : "Semua orang yang ingin pergi ke Syurga - bacalah ini!" (5 bintang)

Buku ini telah banyak mengubah hidup saya. Bersama-sama dengan kesaksian John Ramirez, ia akan membuatkan anda melihat iman anda secara berbeza. Saya telah membacanya sebanyak 6 kali!

- *Bekas Satanis: The James Exchange* (Buku Kulit Lembut) — Beli Di Sini | Ebook di Amazon

- ***KESAKSIAN SEORANG BEKAS SYAITAN Afrika*** - *Pastor JONAS LUKUNTU MPALA* (Buku lembut) — Beli Di Sini | Ebook di Amazon

- *Eksploitasi Lebih Besar 14* (Kulit Kulit) — Beli Di Sini | Ebook di Amazon

- *Keluar dari Kawah Syaitan* oleh John Ramirez — Tersedia di Amazon
- *Dia Datang untuk Membebaskan Tawanan* oleh Rebecca Brown — Cari di Amazon

Buku-buku lain yang diterbitkan oleh penulis – Lebih 1000 judul

Dicintai, Dipilih dan Sepenuhnya : Perjalanan 30 Hari dari Penolakan ke **Pemulihan** diterjemahkan ke dalam 40 bahasa di dunia

https://www.amazon.com/Loved-Chosen-Whole-Rejection-Restoration-ebook/dp/B0F9VSD8WL

https://shop.ingramspark.com/b/084?params=xga0WR16muFUwCoeMUBHQ6HwYjddLGpugQHb3DVa5hE

Dalam Langkah-Nya — Cabaran WWJD 40 Hari: Hidup Seperti Yesus dalam Kisah Nyata di Seluruh Dunia

https://www.amazon.com/His-Steps-Challenge-Real-Life-Stories-ebook/dp/B0FCYTL5MG

https://shop.ingramspark.com/b/084?params=DuNTWS59IbkvSKtGFbCbEFdv3Zg0FaITUEvlK49yLzB

YESUS DI PINTU:
40 Kisah Menyayat Hati dan Amaran Terakhir Syurga untuk Gereja-gereja HARI INI

https://www.amazon.com/dp/B0FDX31L9F

https://shop.ingramspark.com/b/084?params=TpdA5j8WPvw83glJ12N1B3nf8LQte2a1lIEy32bHcGg

KEHIDUPAN PERJANJIAN: 40 Hari Berjalan dalam Berkat Ulangan 28

- https://www.amazon.com/dp/B0FFJCLDB5

Kisah-kisah daripada Orang Sebenar, Ketaatan Sebenar, dan Kebenaran

https://shop.ingramspark.com/b/084?params=bH3pzfz1zdCOLpbs7tZYJNYgGcYfU32VMz3J3a4e2Qt

Transformasi dalam lebih 20 bahasa

MENGENALINYA & MENGENALINYA:
40 Hari untuk Penyembuhan, Pemahaman, dan Cinta yang Berkekalan

https://www.amazon.com/KNOWING-HER-HIM-
Healing-Understanding-ebook/dp/B0FGC4V3D9

https://shop.ingramspark.com/b/084?params=vC6KC
LoI7Nnum24BVmBtSme9i6k59p3oynaZOY4B9Rd

LENGKAP, BUKAN BERTANDING:
Perjalanan 40 Hari Menuju Tujuan, Perpaduan, dan Kerjasama

https://shop.ingramspark.com/b/084?params=5E4v1tHgeTqOOuEtfTYUzZDzLyXLee30cqYo0Ov9941

https://www.amazon.com/COMPLETE-NOT-COMPETE-Journey-Collaboration-ebook/dp/B0FGGL1XSQ/

KOD KESIHATAN ILAHI - 40 Kunci Harian untuk Mengaktifkan Penyembuhan Melalui Firman dan Ciptaan Tuhan Buka Kuasa Penyembuhan Tumbuhan, Doa, dan Tindakan Nubuat

https://shop.ingramspark.com/b/084?params=xkZMrYcEHnrJDhe1wuHHYixZDViiArCeJ6PbNMTbTux

https://www.amazon.com/dp/B0FHJT42TK

Buku-buku lain boleh didapati di halaman pengarang
https://www.amazon.com/stores/Ambassador-Monday-O.-Ogbe/author/B07MSBPFNX

www.ingramcontent.com/pod-product-compliance
Lightning Source LLC
LaVergne TN
LVHW040420051026
849517LV00002B/393